부를 부르는

두사의 지혜

투자 전문가가 밝히는 돈이 모이는 투자법

How I Invest My Money

부를 부르는 투자의 지혜

조슈아 브라운, 브라이언 포트노이 지음
칼 리처즈 그림 | 지여울 옮김

이너북
INNERBOOK

여는 글

나는 지난 9년 반 동안 일주일에 평균 3편의 TV 프로그램에 출연했다. 이 말은 곧 내가 지금까지 약 1,368시간 동안 대중 앞에서 주식과 채권, 경제, 투자에 대해 이야기를 해왔다는 뜻이다. 그러나 이 오랜 시간 동안 그 누구도 내가 어떻게 투자하는지에 대해서 묻지 않았다. 내게 이 질문을 던진 사람은 단 한 명도 없었다.

나는 하늘 아래 존재하는 경제 지식을 전부 이야기했다. 이자율, 배수 평가, 실적 발표, 미국 연방준비제도 정책, 세금 코드 변경, 부동산 가격, 신용스프레드, 혁신과 기술, 소비자 신뢰지수, 무역 전략, 자영업, 거시경제, 미시경제, 신흥시장, 인덱스펀드, 적극적 투자 관리, 주주행동주의, 부동산투자신탁, 주가변동성, 사모투자, 벤처캐피털, 기업 공개, 원유 가격, 천연가스 가격, 기술적 분석, 가치투자, 모멘텀주, 스마트베타 요소, 사회적 책임 투자, 소셜 미디어, 생물공학과 약제 승인, 대통령 선거, 지정학, 자연재해, 방위 산업, 금과 은, 암호화폐, 초단타매매, 반 월가 시위, 내부자거래, 재무분석가의 업그레이드와 다운그레이드, 부문과 산업, 장기투자, 당일매매, 헤지펀드, 뮤추얼펀드, 상장지수 펀드, 게임 산업, 스포츠 산업, 연예 산업, 신생 창업 회사, 부도, 기업의 인수 합병 등이다. 심지어 50센트를 인터뷰한 적도 있다.

그러나 이 많은 이야기를 하는 동안 누군가 나에게 "당신이 '당신의' 돈을 어떻게 투자하는지 말해주십시오."라고 묻는 일은 없었다. 나는 경제 관련의 주제를 이야기하는 것이 아주 즐거웠다. 하지만 그 누구도 내가 실제로 어떻게 투자하고 있는지 궁금해하지 않았다는 것은 충격이었다. 그래서 나는 나부터 말해보자는 마음으로 내가 운영하고 있는 '바른 주식 중개인The Reformed Broker' 블로그에 '나는 내 돈을 어떻게 투자하는가?'라는 제목의 글을 올렸다. 내가 내 돈을 투자하는 방식과 이유에 대해 그렇게 상세히 글을 쓴 것은 그때가 처음이었다. 이 글은 내가 이용하는 모든 소셜 네트워크를 통해 바이러스처럼 급속하게 퍼져 나갔다.

얼마 뒤 나와 함께 책을 쓰는 친구인 브라이언 포트노이Brian Portnoy와 이 주제에 대해 이야기를 나눌 기회가 생겼다. 우리는 재무와 투자 전문가 중에 자신의 투자 이야기를 풀어낸 사람이 극히 드물다는 사실을 깨달았다. 그렇다면 투자 업계에서 일하고 있는 동료와 친구들에게 어떻게 돈을 굴리고 있는지, 왜 그런 방법으로 투자하고 있는지 묻는다면 어떨까?

나와 브라이언은 투자에 대한 책이라면 수백 권도 넘게 읽었다. (그리고 그런 책들에 대해 글을 쓰기도 했다.) 우리의 기억에 따르면 이 책들은 하나같이 '다른 사람'이 어떻게 투자해야 하는지에 대한 충고나 혹은 저자가 전문적으로 실행하는 특정 투자 전략에 초점을 맞추고 있다. 우리가 사랑하는 그 신성한 '시장의 마법사들 Market Wizards'(잭 슈웨거가 쓴 주식 트레이더와의 인터뷰를 다룬 책으로《시장의 마법사들》,《주식시장의 마법사들》,《새로운 시장의 마법사들》이 있다. – 옮긴이) 시리즈조차 대체적으로 그 마법사가 어떻게 '다른 사람들의 자산'을 투자하고 있는지에 대해 다루고 있다. 전문가들이 '당신'이 어떻게 투자를 해야 하는지 알려주는 책은 넘쳐나지만 그 저자가 실제로 자신이 말한 대로 실천하고 있는지에 대해 말하는 책은 찾기 힘들다.

이제 앞으로 책장을 넘기면서 당신은 각기 다른 관점에서 다루어지는 투자와 자산관리에 대한 이야기를 읽게 될 것이다. 용의주도한 투자 전문가들이 어떻게 자신의 포트폴리오를 관리하는지에 대한 흥미로운 이야기를 듣게 될 것이다.

여기서 더 중요한 질문은 '어떻게'가 아닌 '왜?'이다. 나는 처음 소매 주식 중개인으로 일을 시작하여 지금의 수십 억 달러를 관리하는 자산관리 회사의 CEO가 되기까지 수많은 투자자와 이야기를 나누어 보았다. 이 경험을 통해 투자를 하는 방법 못지않게 투자를 하는 이유가 중요하다는 것을 깨달았다.

이 책에 글을 써 준 모든 저자는 현대 포트폴리오 이론이나 효율적 시장 이론 같은 학문적 투자 이론에 정통해 있다. 그러나 이제 곧 읽게 되겠지만 이들은 각기 다른 곳에서 왔으며 자신만의 이야기를 가지고 있다. 어떻게 투자하고 저축하며 지출하는지는 그 이야기의 일부이다.

몇 년 전 나는 전 세계에서 가장 규모가 큰 자산관리 회사 중 한 곳에서 일하는 주식 중개업자와 함께 점심을 먹은 적이 있다. 그가 일하는 회사는 저비용 인덱스펀드로 유명한 곳이었다. 특정 이름은 언급하지 않았지만 그는 "얼마나 많은 헤지펀드의 펀드 매니저들이 자신의 개인 자산 전부를 아주 낮은 기본 수수료만 내는 인덱스펀드에 투자하고 있는지 알면 아마 깜짝 놀랄 겁니다."라고 말했다.

전혀 놀랍지 않다. 포트폴리오를 치밀하게 배분하고 전문적으로 매매하는 일은 높은 수수료를 부과할 수 있는 가장 손쉬운 방법이다. 하지만 미래의 재정 안정을 확보하기 위해서 믿을 만한 성장과 장기적인 확실성을 추구하는 사람에게도 최선의 방법일까? 나는 이미 큰 자산을 보유한 이들이 자신이 일을 할 때 사용하는 전략과는 전혀 다른 전략을 통해 자신의 자산을 지키고 싶어하는 심정을 이해할 수 있었다.

브라이언과 함께 누가 이 책에 글을 써 줄 수 있을지 구상하기 시작했을 때, 우리는 투자 업계의 인물들 중 우리가 개인적으로나 직업적으로 존경하는 인물들의 목록을 만들었다. 우리는 이 업계 안에서도 각기 다른 분야에서 일하는 사람들에게 그들의 개인 포트폴리오에 대한 이야기를 듣고 싶었다. 벤처 캐피털에서 재무 설계, 자산관리는 물론 그 사이의 여러 분야에 있는 사람들의 이야기를 듣고 싶었다. 또한 자신이 살아온 삶과 그동안 해온 일에 대해 솔직하고 진솔한 이야기를 들려줄 사람과 함께 이 주제를 나누고 싶었다.

이 책에서는 돈과 인생, 미래에 대한 계획을 다룬다. 이 책을 만들면서 나는 중대한 사실을 깨닫게 되었다. 포트폴리오를 어떻게 구성하고 투자하는지 그 선택 뒤에 숨은 이유는 우리 자신에 대해 많은 것을 알려준다는 사실이다.

우리는 다른 사람의 자산을 질서정연하게 배분하느라 너무 바쁜 나머지 정작 우리 자신의 자산을 관리한 시간이 없는가? 공식들과 트레이드오프, 비율에 집착하는 데 시간을 낭비하며 큰 그림을 놓치는 손해를 보고 있지 않은가?

우리 개인의 포트폴리오는 우리가 대중 앞에서 옹호하는 투자 철학을 정확하게 반영하고 있는가? 혹은 무슨 이유에서든 그 교의에서 벗어나 있지는 않은가? 우리는 다른 사람의 자산을 관리할 때보다 자신의 돈에 대해서 위험을 더 감수하려 하는가, 혹은 피하려 하는가? 우리가 직업으로 삼은 일의 속성을 고려하여 추가적인 위험을 감수하고 있는가?

우리의 소유 자산에 과거의 어리석은 판단의 잔재가 그대로 남아 있는가, 자기 자신의 자산에 대한 보수 관리를 미루고 있지는 않은가? 우리는 가족의 의견을 충분히 반영하고 있는가? 가족 구성원은 돈이 필요한 시기에 대비하여 돈에 대해 똑같은 소망과 목표를 가지고 있는가, 혹은 그 시기에 대해 서로 동의하고 있는가?

어떻게 투자를 하는지에 대해 처음 일을 시작했을 무렵 품고 있던 생각들이 바뀔 만큼 그 과정에서 무언가를 충분히 배웠는가? 혹은 새로운 생각들에 대해 마음을 닫고 있는가? 아무 생각 없이 자동 조종 장치에 몸을 맡기고 있는가, 아니면 여전히 어려운 질문들을 스스로에게 계속 던지고 있는가?

투자 업계의 뛰어난 저자와 강연자들이 이 책을 위해 자신의 의견과 개인적인 이야기를 들려주었다. 이 결과를 많은 독자와 함께 나누게 되어 매우 기쁘다. 나와 브라이언은 책을 구성하며 기준에 맞게 차례를 배치했지만 한편으로는 많은 독자가 각각의 글들을 하나의 일품요리로서 즐겨주기를 바란다. 어쩌면 독자는 어떤 글 한 편을 유독 여러 차례에 걸쳐 읽게 될지도 모른다. 그것은 그 이야기 혹은 이야기에 담겨 있는 전략이 독자 자신의 이야기와 통하기 때문이다. 만일 그렇게 된다면 우리는 이 책이 제 목표를 달성했다고 생각한다. 독자가 우리 동료들의 이야기에서 무언가를 배울 수 있다면, 그리고 자신의 돈을 관리하는 일에 있어 좀 더 자신감을 얻는다면 이보다 더 기쁜 일은 없을 것이다. 이 책을 펼친 것은 그야말로 훌륭한 선택이다. 부디 재미있게 읽기를 바란다.

조슈아 브라운

차례

1부

돈에 대해서
꼭 알아야 하는 것들

How I Invest

1부

돈에 대해서
꼭 알아야 하는 것들

My Money

모건 하우절

Morgan Housel

경제적 자립

그 밖의 것들

모건 하우절Morgan Housel은 콜라보레이티브 펀드Collaborative Fund의 공동경영자이며 전에는 〈더 모틀리 풀The Motley Fool〉과 〈월 스트리트 저널The Wall Street Journal〉에 칼럼을 썼다. 미국 경제 편집자 및 작가협회에서 경제 분야 최고상을 두 차례나 수상했으며 〈뉴욕타임스New York Times〉에서 수여하는 시드니 상을 받았다. 또한 가장 뛰어난 비즈니스 및 금융 부문의 기자에게 수여하는 제럴드롭Gerald Loeb 상의 최종 후보에 두 차례나 올랐다. 그의 글은 〈컬럼비아 저널리즘 리뷰Columbia Journalism Review〉에서 출간된 〈뛰어난 비즈니스 글쓰기The Best Business Writing〉에 수록되기도 했다. 하우절은 《돈의 심리학The Psychology of Money(인플루엔셜, 2021년)》의 저자이다.

경제적 자립이
투자의 답이다

투자 자문 회사인 '퍼스트 맨해튼First Manhattan'을 창립한 억만장자 샌디 가츠먼Sandy Gottesman은 투자 팀을 꾸리기 위해 면접을 보면서 면접자들에게 "당신은 어떤 자산을 보유하고 있습니까? 그리고 그 이유는 무엇입니까?"라는 질문을 했다. "현재 어떤 주식이 값이 싸다고 생각합니까?"라든가 "불황을 맞게 될 경제 부문은 어디입니까?"와 같은 질문이 아니었다. 바로 당신의 재산을 어떻게 관리하는지 알려달라는 뜻이다. 이 질문은 합리적인 결정(이렇게 해야 한다고 사람들이 이야기하는 것)과 우리가 옳다고 여기는 결정(우리가 실제로 하는 것) 사이의 간극을 분명하게 보여준다. 이 간극은 어쩌면 1킬로미터가 훌쩍 넘을지도 모른다.

펀드 평가 회사인 '모닝스타Morningstar'에 따르면 미국 전역의 뮤추얼펀드 포트폴리오 매니저의 절반은 자신들이 관리하는 펀드에 자신의 돈은 단 1센트도 투자하지 않는다.[1] 이는 어떻게 보면 극악무도한 행위처럼 보일 수 있다. 그리고 이 통계 수치가 일종의 위선을 폭로하고 있다는 사실은 분명하다. 하지만 이런 일은 우리가 생각하는 것보다 훨씬 더 흔하게 일어난다.

서던캘리포니아대학교의 의과대학 교수, 켄 머리Ken Murray는 2011년 '의사는 어떻게 죽는가'라는 제목의 글에서 의사들이 죽음을 앞둔 상황에서 본인을 위해서는 환자에게 추천하는 것과는 사뭇 다른 치료 방법을 선택한다는 사실을 밝혔다.[2] 그는 "의사들은 다른 사람들처럼 죽지 않는다."라고 이야기하며 의사는 일반인과 비교했을 때 오히려 치료를 받지 않으려 한다고 썼다.

의사는 자신이 맡은 환자들의 죽음을 지켜보며 어느새 죽음 자체를 평온하게 받아들이게 된다. 그들은 무슨 일이 일어날지, 자신들이 어떤 선택을 할 수 있을지 정확하게 알고 있을 뿐만 아니라 원한다면 그 어떤 종류의 치료도 받을 수 있지만 평온하게 떠나는 편을 선택한다. 의사는 환자의 질병을 치료하기 위해 혼신의 힘을 다하지만 자기 자신을 위해서는 그저 통증을 완화하기 위한 치료만을 선택한다는 것이다.

이처럼 누군가가 내게 이렇게 하라고 제안하면서도 정작 자신을 위해서 그렇게 하지 않는 것이 항상 나쁜 일만은 아니다. 이런 현상은 나뿐만 아니라 가족에게까지 영향을 미치는 복잡하고 감정적인

---

1. A. 램, 〈파이낸셜타임스〉, 2016년 9월 18일.
2. K. 머리, 조 칼로 퍼블릭 스퀘어, 2011년 11월 30일.

문제를 대처하는 데 꼭 한 가지 해결책만이 있는 것이 아니라는 것을 알려준다. 옳은 진실 같은 것은 존재하지 않는다. 다만 그 상황이나 환경에 맞는 진실이 있을 뿐이다. 우리는 그저 우리 마음이 편할 수 있는, 그리고 밤에 잠을 푹 잘 수 있는 방식을 선택하면 된다.

물론 언제든 반드시 고수해야 할 기본 원칙은 있다. 이는 재무관리에서도, 의료 행위에서도 마찬가지이다. 하지만 재무와 관련된 중요한 사안에 대해서 우리는 스프레드 시트 문서나 교과서를 보며 결정을 내리기보다는 저녁 식사 자리에서 결정을 내리는 경우가 많다. 이런 사안은 종종 수익을 최대한으로 높이기 위한 의도에 따라 결정되기보다는 배우자나 자녀의 걱정을 최소한으로 줄이는 방향으로 결정되기 마련이다. 이런 종류의 일은 차트나 공식으로 요약하여 정리하기가 어려우며, 사람마다 제각기 달라질 수밖에 없다. 이 사람에게 맞는 방식이 저 사람에게는 잘 맞지 않을 수 있다. 우리는 그저 우리에게 잘 맞는 방법을 찾으면 된다. 여기에서는 나에게 맞는 방법을 소개한다.

우리 가족은 저축을 어떻게 생각하고 있는가?

워런 버핏Warren Buffett의 오른팔로 알려진 찰리 멍거Charlie Munger는 "나는 부자가 되고 싶은 마음은 없었다. 그저 경제적으로 자립하고 싶었을 뿐이다."라고 말했다. 부자가 되는 일은 차치하더라도 경제적 자립을 이루는 일은 항상 내 개인적인 목표였다. 나는 호화스러운 생활을 누리기 위해 가장 높은 수익률을 쫓아다니거나 차익금 투기로 이익을 올리는 일에 전혀 관심이 없다. 이 두 가지 모두 사람을 감탄시키기 위해 벌이는 게임처럼 보일 뿐이다. 그리고 이 투자 방법들은 모두 위험 요소를 품고 있다. 나는 그저 나와 우리 가족이 우리만의 방식에 따라, 우리가 하고 싶은 일을 할 수 있다는 사실을 알고 있는 채로 매일 잠에서 깨어나고 싶다. 내 가족이 내리는 모든 재정적 결정은 이 목표를 중심에 두고 있다.

내 부모님은 어른이 된 뒤 두 종류의 재정적 시기를 거쳤다. 찢어지게 가난했던 시기와 적당히 경제적 여유가 있던 시기이다. 아버지는 자식을 세 명이나 둔 마흔 살이 되었을 때 의사가 되었다. 의사 월급을 받기 시작한 후에도 그동안 자식들을 키우느라 몸에 밴 근검절약이 갑자기 어디로 사라질 리가 없었다. 부모님은 살림살이에 한층 여유가 생긴 후로도 몇 년 동안 절약하면서 저축률을 높게 유지했다. 이런 생활 덕분에 부모님은 어느 정도의 경제적 자립을 달성할 수 있었다.

아버지는 응급의학과 의사였는데, 이 일은 내가 생각할 수 있는 가장 스트레스가 심한 직업 중 하나이다. 아버지는 밤 근무와 낮 근무 사이에서 신체적 리듬을 깨뜨리는 호르몬 교란을 늘 겪어야 했다. 20년 동안 응급실에서 의사로 일을 한 뒤 아버지는 이제 할 만큼 했다고 생각하고는 병원을 그만두었다. 그리고 인생의 다음 단계로 나아갔다.

아버지의 행동은 내 뇌리에 깊이 박혔다. 언제든지 준비가 되었을 때 그저 아침에 일어나 직업을 마음대로 바꿀 수 있다니, 그런 능력을 갖추는 것은 모든 재무관리의 목표인 것처럼 보인다. 내가 생각하는 '경제적 자립'이란 일을 그만두고 싶을 때 바로 그만두는 것을 의미하지 않는다. 그보다는 내가 좋아하는 일을, 내가 좋아하는 사람과, 내가 하고 싶을 때, 하고 싶은 만큼 오랫동안 할 수 있다는 것을 의미한다.

이런 수준의 경제적 자립을 성취하기 위해서 의사만큼 돈을 잘 벌 필요는 없다. 이 목표를 달성하기 위해 중요한 것은 자신의 기대치를 낮추고 수입 대비 지출을 낮게 유지하며 생활을 꾸려나가는 능력이다. 수입이 얼마가 되었든 상관없이 경제적 자립을 결정하는 것은 저축률이다. 수입이 일정 수준을 넘어선다는 가정하에 저축률을 결정하는 것은 바로 적절한 생활방식을 고수하는 우리의 능력이다.

나는 대학을 다닐 때 아내를 만났고, 결혼하기 몇 년 전부터 함께 살기 시작했다. 대학을 졸업한 후 우리는 신입사원으로 직장에 들어가 적은 월급을 받으며 일했고 그러면서 검소한 생활을 몸에 익혔다. 모든 생활 방식에는 폭넓은 스펙트럼이 존재하며 어떤 사람에게 적당히 편안한 생활 방식이더라도 다른 사람에게는 왕족의 생활처럼 느껴질 수 있고, 혹은 빈곤한 생활 방식처럼 느껴질 수 있다. 중요한 것은 저축률이며, 나와 아내는 수입에 맞추어 우리가 생각하기에 괜찮은 자동차, 옷, 음식, 아파트 등을 선택했다. 편안했지만 그렇다고 특별히 호화스럽지도 않았다.

나는 재무 분야에서 일을 하고 아내는 의료 분야에서 일을 하는 10년 동안 수입은 점점 늘었지만 우리는 지금도 그때와 별반 다르지 않은 생활 방식을 유지하고 있다. 그런 덕분에 저축률은 날이 갈수록 높아졌다. 실제로 급여 인상은 고스란히 저축으로 이어졌다. 바로 이것이 우리의 '자립 펀드'였다.

우리 가족의 재무 계획에서 내가 자랑스러워하는 부분이 있다면 젊은 나이에 일찍부터 더 나은 생활 방식을 갈구하는 욕망에 선을 그었다는 것이다. 우리 집의 저축률은 상당히 높은 편이지만 절약을 하기 위해 억지로 무언가를 참아야 할 때는 별로 없다. 예전과 비교하여 더 많은 것을 가지고 싶은 욕망이 그리 커지지 않았기 때문이다. 그렇다고 그런 욕구가 전혀 없다는 뜻은 아니다. 우리도 멋진 물건을 좋아하고 편안하게 살고 싶다. 다만 그 욕망이 지나치게 커지지 않도록 선을 그었을 뿐이다.

이 방법이 모든 사람에게 통하지 않을 수도 있다. 우리에게 이 방법이 효과가 있는 이유는 나와 아내가 동등한 입장에서 이 방법에 동의하기 때문이다. 우리 두 사람 중 누구도 서로를 위해 양보하거나 타협하지 않는다. 우리는 산책을 하고 책을 읽고, 팟캐스트 방송을 듣는 일에서 즐거움을 느끼며 이런 일에는 돈이 거의 들지 않는다.

우리가 인생에서 중요한 무언가를 놓치고 있다고는 생각하지 않는다. 아주 가끔, 우리 집의 저축률에 대해 의심이 생길 때면 나는 부모님이 오랜 기간의 저축을 통해 손에 넣었던 경제적 자립을 떠올리고 바로 제자리로 돌아온다. 경제적 자립이야말로 우리 가족의 가장 큰 목표이다.

수입에 비해 검소하게 살아가는 생활 방식에는 또 다른 이점이 있다. 이웃에게 뒤쳐지지 않으려고 허세를 부리는 심리적 감옥에서 벗어날 수 있다는 점이다. 나심 탈레브Nassim Taleb는 "진정한 성공이란 쥐들의 경주에서 빠져나와 행동을 바꾸어 마음의 평온을 얻는 일이다."라고 말했다. 나는 이 말을 좋아한다.

우리 가족은 경제적 자립에 크게 무게를 두고 있기 때문에 이론적으로는 이치에 맞지 않는 일들을 저질렀다. 융자 없이 집을 샀는데 이는 재무적인 관점에서는 최악의 결정이지만 돈의 관점에서는 최고의 결정이었다. 우리가 집을 샀을 무렵 주택 담보 대출의 이자는 터무니없을 정도로 낮았다. 합리적인 재무 상담사라면 누구나 이자가 싼 돈을 쓸 수 있는 기회를 활용하여 남는 저축을 주식 같은 고수익 자산에 투자하라고 권했을 것이다. 하지만 우리는 차가운 머리로 이성적으로 행동하지 않았고, 심리적으로 사리에 맞게 행동했다.

우리가 사는 집을 소유함으로써 내가 만끽하는 자립의 가치는 이자가 싼 대출금을 이용해 투기를 함으로써 얻을 수 있는 재정적 수익을 훌쩍 뛰어넘는다. 매달 원금과 이자를 꼬박꼬박 갚지 않아도 되는 것이 장기적 관점에서 자산의 가치를 최대한 끌어올리는 것보다 훨씬 더 좋다. 이로써 나는 자립하고 있다는 기분을 한껏 누릴 수 있기 때문이다.

나는 이 결정이 잘못되었다고 주장하는 이들에게 혹은 절대 나와 똑같은 결정을 내리지 않을 이들에게 내가 내린 결정이 옳다고 주장할 생각은 없다. 이론적으로 볼 때 우리가 내린 결정은 어떤 식으로도 합리화할 수 없다. 하지만 우리에게 이 방법은 통했다. 중요한 것은 우리가 이 결정에 만족한다는 점이다. 훌륭한 결정이 언제나 합리적인 것은 아니다. 어느 시점이 오면 우리는 행복과 이론적인 정답 사이에서 선택을 해야만 한다.

나는 대부분의 재무 상담사가 권하는 것보다 자산에서 현금을 높은 비율로 보유하고 있다. 부동산을 제외한 나머지 자산의 20% 정도를 현금으로 가지고 있다. 역시 이론적으로는 어떻게든 합리화시킬 수 없는 일이다. 나는 다른 사람에게 나처럼 하라고 권하지는 않을 것이다. 다만 우리에게는 이 방법이 맞아 떨어졌다.

현금을 높게 보유하고 있는 이유는 현금은 경제적 자립의 산소 같은 존재이기 때문이다. 그리고 한층 더 중요한 이유는 가능하면 우리가 소유한 주식을 어쩔 수 없이 팔아야만 하는 처지에 놓이고 싶지 않기 때문이다. 우리는 돈이 많이 드는 일이 일어났을 때 그 지출을 감수하기 위해 주식을 팔아 현금화해야 할 확률을 가능한 한 0에 가깝게 낮추려 한다. 어쩌면 우리는 그저 위험 감수도가 다른 사람보다 낮은지도 모르겠다.

하지만 개인 재무관리에 대해 내가 배운 모든 것에 따르면 모든 사람은 누구도 예외 없이, 언젠가는 전혀 예상치 못한 큰 지출을 맞닥뜨리게 된다. 그리고 사람들은 그런 지출에 대해서는 계획을 세워두지 않는다. 그렇게 하지 않는 가장 큰 이유는 그런 지출이 있을 것이라고 전혀 예상하지 못하기 때문이다. 우리 가족의 재정 상태에 대해 잘 아는 몇몇 사람들은 "도대체 왜 저축을 하는 겁니까? 집을 사려고? 배를 사려고? 차를 새로 사려고?"라고 묻는다. 하지만 그 어떤 것도 아니다. 내가 돈을 저축하는 것은 우리 예상보다 변화구가 좀 더 흔하게 나타나는 세상에 대비하기 위해서이다. 예상치 못한 어떤 지출을 감당하기 위해 어쩔 수 없이 주식을 팔지 않아도 된다는 것은 곧 오랫동안 주식이 복리로 이자를 쌓아 올릴 수 있는 가능성을 높이고 있다는 뜻이기도 하다. 찰리 멍거는 "복리의 첫 번째 규칙은 쓸데없이 이를 중단시키지 않는다는 것이다."라고 말했다.

우리 가족은 투자를 어떻게 생각하는가?

나는 유망주를 추천하는 컨설턴트로서 일을 시작했다. 그 당시에는 '버크셔 해서웨이Berkshire Hathaway'나 '프록터 앤드 갬블Procter & Gamble' 같은 큰 회사들의 개별 주식만을 보유하고 있었다. 여기에 내가 심층 가치 투자라고 생각했던 작은 회사들의 주식이 몇 가지 더 있었다. 20대에는 그런 개별 주식을 25개 종목 정도 갖고 있었다.

내가 주식 컨설턴트로 어떻게 일을 했는지는 잘 모르겠다. 나도 시장을 이기려고 했지만 대부분의 사람들과 마찬가지로 좋은 성적을 지속적으로 내지는 못했다. 어느 쪽이든 투자에 대한 내 관점은 그동안 변화했고, 현재 내가 보유한 모든 주식은 저비용 인덱스펀드에 들어가 있다.

적극적으로 주식 종목을 선정하는 일을 반대하는 것은 아니다. 그 일을 스스로 하든, 투자 관리 회사에 돈을 맡기는 방식이든 상관없다. 나는 시장 평균 수익률보다 더 높은 수익률을 낼 수 있는 사람들이 실제로 존재한다고 생각한다. 다만 그렇게 하기가 아주 어려울 뿐이다.

투자에 대한 내 관점을 말하자면 모든 투자자들은 자신의 목표에 성공적으로 도달할 수 있는 가능성이 가장 높은 전략을 선택해야만 한다. 그리고 나는 저비용 인덱스펀드에 대한 매입원가 평균법이 장기적 안목에서 성공할 수 있는 가장 높은 확률을 제공한다고 생각한다. 그렇다고 해서 인덱스펀드 투자가 언제나 성공한다는 뜻은 아니다. 모든 사람에게 맞는 방법이라는 뜻도 아니다. 또한 적극적으로 주식 종목을 선정하는 방식의 투자가 반드시 실패할 운명이라는 뜻은 더더욱 아니다. 일반적으로 이 업계는 이쪽 아니면 저쪽으로 치우쳐 극단적으로 자신의 의견만을 내세우는 경향이 있다. 특히 적극적 투자를 맹렬하게 반대하는 진영의 사람들이 그렇다.

시장을 이기는 일은 어려울 수밖에 없다. 성공 확률도 낮다. 만약 모든 사람들이 시장을 이긴다면 기회라고는 남아 있지 않을 것이다. 그러므로 시장을 이기려고 시도하는 사람들의 대다수가 실패한다는 사실에 그리 놀라서는 안 된다. (통계에 따르면 2019년까지 10년 동안 대기업에서 적극적 투자 관리를 하는 펀드 매니저의 85%가 S&P 500 지수보다 높은 수익률을 내지 못했다.)[3]

어떤 사람들은 시장을 이기려는 시도가 미친 짓이라고 여기면서도 자신의 자녀에게는 별을 따기 위해 손을 뻗으라고, 프로 운동 선수가 되기 위해 노력하라고 말하기도 한다. 사람마다 좋아하는 것과 이루고 싶은 목표는 다르다. 인생이란 미래의 가능성을 두고 내기를 하는 일이고, 그 가능성에 대해서 사람들은 각기 다른 생각을 품고 있다.

나는 저비용 인덱스펀드에 몇십 년 동안 지속적으로 투자하면서 돈이 스스로 복리를 쌓아가도록 내버려둔다면 우리 가족이 원하는 재무 목표를 모두 달성할 수 있는 가능성이 높아질 것이라는 결론을 내리게 되었다. 이런 결론을 내리게 된 데에는 지출을 많이 하지 않고 검소하게 생활하는 우리의 생활 방식이 크게 영향을 미쳤다. 시장을 이기려고 시도하는 일에서 비롯되는 추가적인 위험을 부담하지 않고도 목표를 이룰 수 있다면 굳이 위험을 감수할 필요가 어디 있단 말인가?

나는 전 세계에서 가장 뛰어난 투자가가 되지 않아도 될 경제적 여유가 있다. 하지만 실력이 형편없는 투자가가 될 경제적 여유는 없다. 이런 식으로 생각할 때 인덱스펀드에 투자하고 이를 유지한다는 결정을 내리기 위해서는 굳이 머리를 쓸 필요도 없었다. 나는

---

3. B. 피사니, CNBC, 2019년 3월 15일.

모든 사람이 이 논리에 동의하지 않을 것이라는 사실을 잘 알고 있다. 특히 시장을 이기는 일을 직업으로 삼고 있는 내 친구들이 그럴 것이다. 나는 그들이 하는 일을 충분히 존중한다. 하지만 우리 가족에게는 이 방법이 잘 맞는다.

우리 가족은 봉급에서 쓰고 남은 돈을 이 인덱스펀드들에 투자한다. 미국 주식과 국제 주식으로 구성된 펀드들이다. 정해진 목표액은 없다. 그저 우리가 지출하고 남은 돈 전부를 펀드에 넣을 뿐이다. 우리는 같은 펀드들로 구성된 은퇴 계좌에도 매달 최대한도에 맞춰 돈을 납입하고 있으며 자녀들의 529 학자금 계좌(미국의 각 주에서 운영하는 학자금 마련을 위한 금융 계좌로 이 계좌에 돈을 넣을 경우 일정 한도에 맞추어 소득공제 혜택이 있으며 나중에 학자금으로 지출하게 되면 세금 면제 혜택이 있다.-옮긴이)에도 돈을 넣는다.

우리의 순자산은 사실상 집 한 채와, 당좌예금 하나, 그리고 뱅가드Vanguard의 인덱스펀드들이 있을 뿐이다. 지금 우리가 하고 있는 방식보다 투자가 더 복잡해질 필요는 없다. 나는 단순한 투자를 좋아한다. 내가 마음 깊이 품고 있는 투자에 대한 신념 중 하나는 투자에 들이는 노력과 투자의 성과 사이에는 별로 상관관계가 없다는 것이다. 왜냐하면 이 세계는 꼬리들에 의해 좌지우지되고 있기 때문이다. 몇 가지 가변적인 원인에 의해 결과가 크게 달라지는 것이다. 아무리 투자를 잘 하기 위해 열심히 노력한다한들 사용하는 전략에서 중요한 요소를 몇 가지만 놓쳐 버린다면 좋은 결과는 나올 수 없다. 그리고 이 말은 거꾸로 뒤집어도 그대로 들어맞는다.

　단순한 투자 전략은 그 전략을 성공시키기 위한 몇 가지 요소를 제대로 포착해내기만 한다면 계속해서 성공을 거둘 수 있다. 내 투자 전략은 전망 있는 산업 부문을 선택하거나, 불황의 시기를 제대로 예측하는 일에 기반을 두고 있지 않다. 내 전략은 높은 저축률과 인내심, 그리고 다음 몇십 년 동안 전 세계의 경제가 가치를 높이는 방향으로 흘러갈 것이라는 낙관주의에 기반을 두고 있다. 나는 사실상 투자하는 데 들이는 내 모든 노력을 이 세 가지 요소를 고심하는 일에 쏟아 붓는다. 특히 내 힘으로 통제할 수 있는 앞의 두 가지 요소에 공을 들인다.

　나는 과거에 투자 전략을 바꾼 적이 있다. 그래서 당연하게도 내가 앞으로 투자 전략을 바꿀 가능성은 존재한다. 하지만 나는 우리가 돈을 어떻게 저축하고, 투자하든 상관없이 언제나 경제적 자립을 목표로 삼을 것이며 밤에 잠을 푹 잘 수 있도록 최선을 다할 것이다. 궁극적인 목표는 바로 돈의 심리에 통달하는 것이다. 하지만 사람에게는 각자 자신에게 맞는 방법이 있다. 남들과 다르다고 해도 미친 것은 아니다.

How I Invest My Money

크리스틴 벤츠

Christine Benz

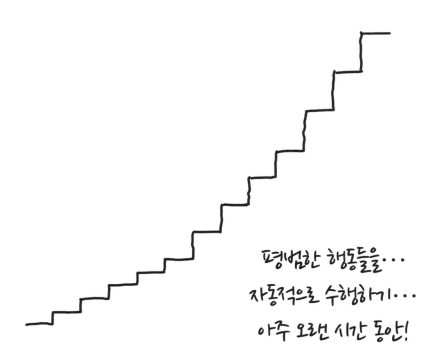

평범한 행동들을...
자동적으로 수행하기...
아주 오랜 시간 동안!

크리스틴 벤츠Christine Benz는 펀드 평가 회사인 모닝스타의 개인재무관리 부서의 이사이며 선임 칼럼니스트이다. 또한 투자와 개인재무관리 분야에서 유명한 인물들과 깊이 있는 인터뷰를 하는 팟캐스트인 〈더 롱 뷰The Long View〉의 공동 진행자이기도 하다. 2020년 크리스틴은 〈배런Barren〉지에서 최초로 선정한 재무 분야에서 가장 영향력 있는 여성 100명에 이름을 올렸으며 〈크레인즈 시카고 비즈니스Crain's Chicago Business〉에서는 2019년 재무 분야에서 가장 주목할 만한 여성으로 선정했다.

《30분으로 해결하는 돈 관리 - 단계별 자산관리법30 Minute Money Solutions: a Step-by-Step Guide to Managing Your Finances》의 저자이자 전국적인 베스트셀러가 된 《모닝스타의 뮤추얼펀드 가이드 - 성공을 위한 별 다섯 개짜리 전략Morningstar Guide to Mutual Funds: 5-Star Strategies for Sucess》의 공동 저자이다.

그녀는 경제 지식을 위한 존 C. 보글센터John C. Bogle Center 이사회의 일원이다. 또한 자산관리 업계의 선두적인 인물들로 구성된 알파 그룹Alpha Group의 일원이기도 하다. 크리스틴은 불우한 환경의 여성들이 개인자산관리 개념에 대한 이해를 높일 수 있도록 돕고 있다.

신념이 있어야
투자가 편안하다

내가 투자 자체에 열정을 품게 되는 일은 없을 것이다. 그러나 이 사실을 인정하는 일은 그리 마음 편한 일은 아니다. 나는 평생 동안 투자가 중심이 되는 업계에서 일을 해왔다. 그리고 진심으로 투자에 깊이 빠져 투자에 열정적인 사람들 사이에서 일을 하고 있다. 내 동료 중에는 두 종류의 다른 채권 상장지수 펀드가 어떻게 다른 성과를 내는지에 대해 재미 삼아 조사를 하는 사람들도 있고 어떻게 유망주를 선별하는지에 대한 이야기가 세상에서 제일 재미있다고 하는 사람들도 있다.

하지만 나는 그런 사람이 아니었고, 이 사실을 기꺼이 나의 일부로 받아들였다. 그럴 수 있었던 것은 내가 열정을 갖는 대상이 바로 투자자들이라는 사실을 깨달았기 때문이다. 그리고 투자자들은 나와 마찬가지로 투자 자체에 대해 열정을 갖고 있지 않다. 그보다 그들은 투자를 목적을 이루기 위한 수단으로 여긴다. 자녀들의 대학 학자금을 내고, 은퇴 후에 경제적으로 안정적으로 살아가기 위한 수단 말이다.

일반적인 투자자들의 경우에는 큰 문제를 제대로 해결해두는 것, 즉 수입보다 적은 비용으로 생활을 꾸려나가고, 합리적인 수준의 저축률을 유지하고, 수입을 꾸준히 유지하는 일이 어떤 식으로 투자를 할지 선택하는 일보다 목표를 달성하는 데 한층 중요한 결정 요인으로 작용한다. 이런 투자자들에게는 저비용에 실용적이고 간소화된 포트폴리오가 제격이다.

남편과 나는 바로 이 같은 방식으로 재무관리를 하려고 노력한다. 그 결과 우리에게 가장 중요한 문제들에 정신을 집중할 수 있다. 일에서 보람을 찾고 음악을 듣고 맛있는 음식을 먹고 여행을 즐기고 지역 사회에서 활동하는 일이다. 내 여동생 중 한 명은 지적 장애를 갖고 있어 매년마다 일정 기간을 우리 집에서 함께 지낸다. 지난 10년 동안 내 어머니와 아버지가 잇달아 세상을 떠났기 때문에 여동생이 행복하게 지낼 수 있도록 돌보는 일은 우리 부부에게 아주 중요한 우선순위가 되었다.

자산관리를 가능한 한 단순하게 유지한다는 목적을 이루기 위해 우리는 계좌가 몇 개밖에 없다. 이렇게 할 수 있었던 가장 큰 이유는 남편과 내가 25년이 넘도록 같은 직장에서 일을 했기 때문이다. (그렇다. 우리는 공룡들이다. 나도 안다!)

우리는 401(k) 퇴직연금 계좌(401(k) 계좌는 미국의 직장에서 가입해 주는 퇴직 연금으로써 여기에 넣는 돈은 과세 혜택이 주어지며 개인은 자신의 퇴직연금 계좌에 들어 있는 돈을 자유로운 방식으로 투자할 수 있다. 직장이 아닌 개인이 직접 가입하는 개인 은퇴 계좌로는 IRA Individual Retirement Account가 있으며 이 또한 고용 형태에 따라 여러 가지 종류가 있다. 401(k)의 경우에는 직장의 고용주가 직원이 불입하는 금액의 일정 부분을 부담해주기도 한다.–옮긴이)를 갖고 있다. 그다음 우리는 뱅가드에 과세 대상 계좌와 개인 은퇴 계좌 IRA를 가지고 있다.

나는 또한 의료 저축 계좌 HSA(미국에서 국민의 의료비 부담을 덜어주기 위해 만든 제도로 '본인 부담금이 높은 건강보험 HDHP'의 가입자가 개설할 수 있다. 이 계좌에서는 소득공제 혜택과 함께 이 계좌의 돈을 의료비로 지출할 경우 면세 혜택을 주고 있다. – 옮긴이)를 가지고 있다. 그리고 시카고 은행에 당좌예금과 정기예금 계좌를 가지고 있다. 우리 부부는 우리가 최악의 고객이라는 농담을 하는데, 이 은행의 계좌에는 가능한 한 돈을 많이 남겨두지 않으려고 노력하기 때문이다. 그저 당장 필요한 만큼의 현금만을 남겨둘 뿐이다. 그리고 여행을 가기 전에 돈을 환전하거나 온라인으로 요금을 납부하거나 ATM을 이용하는 것 말고는 은행에서 어떤 서비스도 이용하지 않는다.

내 모닝스타의 401(k) 퇴직연금 계좌에 들어 있는 자산은 적극적 투자 관리 펀드와 수동적 투자 관리 펀드에 모두 투자되어 있지만 거의 적극적 투자 관리 펀드에 치우쳐 있다. 대부분 주식에 투자되어 있다. 나는 이 계좌에 넣는 납입금을 4등분하여 다음 네 곳의 주식형 뮤추얼펀드에 넣는다. 뱅가드의 인덱스펀드, 아메리칸 펀드의 워싱턴 뮤추얼펀드(비용지급 비율이 0.27%인 R6 등급), 뱅가드의 인터내셔널 성장펀드, 닷지앤콕스Dodge&Cox의 인터내셔널 펀드이다. 지난 5년이 넘는 시간 동안 매달 이 네 곳의 펀드에 돈을 넣어왔다.

이 중에서는 뱅가드의 인터내셔널 성장 펀드에 가장 많은 돈을 투자했다. 1993년 모닝스타에 처음 입사했을 때부터 이 펀드에 돈을 넣어왔기 때문이다. 나는 전통적 401(k) 퇴직연금 계좌에 상당한 잔고를 유지하는 한편, 또한 지난 10년 동안은 로스 401(k) 퇴직연금 계좌에도 돈을 넣고 있다(전통적 401(k)와 로스 401(k)은 모두 직장 은퇴연금 계좌이다. 전통적 401(k)은 납입과 운용 시기에 세금 혜택을 받을 수 있지만 수령 시기에 세금을 내야하며 로스 401(k)는 납입 당시에는 소득공제를 받을 수 없지만 운용과 수령 시기에 세금 혜택을 받을 수 있다는 차이가 있다. – 옮긴이). 모닝스타에서는 퇴직연금 제도 내에서 세후 소득을 납입하고 이를 로스 계좌로 전환할 수 있도록 해주는 조항을 최근 추가했다.

나는 퇴직연금 계좌에 401(k) 계좌에 허용되는 최대한도보다 더 많은 돈을 넣기 위해서, 그리고 로스 쪽 계좌의 잔고를 불리기 위해서 이 조항을 최대한 활용할 계획이다. 이렇게 하면 과세 대상 계좌에 돈을 넣어두는 것보다 세금을 훨씬 더 절약할 수 있다.

남편의 401(k) 퇴직연금 계좌는 전부 수동적 투자 관리 펀드로 구성되어 있다. 한편 남편은 핌코 토탈 리턴PIMCO Total Return의 채권을 가지고 있다. 남편의 401(k) 퇴직연금 계좌에는 내 계좌보다 채권 비율이 조금 더 높지만 차이가 많지는 않다.

우리는 뱅가드에 과세 대상 자산을 맡기고 있으며 매달 돈이 자동 이체되도록 해두었다. 우리가 돈을 불입하는 펀드는 몇 곳밖에 없는데, 뱅가드 프라임캡 코어Primecap Core 펀드, 선진 시장 인덱스펀드, 중기 비과세 펀드, 비과세 화폐시장 펀드이다. 우리는 매달 이 펀드에 돈을 넣으며 주식형 뮤추얼펀드에 더 많은 금액을 넣는다.

나는 우리 집의 투자를 좀 더 세금 효율적으로 만들 수 있는 방법이 있다고 생각한다. 특히 우리가 미국 주식 투자를 위해 토탈마켓 인덱스펀드 혹은 상장지수 펀드를 이용한다면 세금을 좀 더 절약할 수 있을 것이다. 하지만 나는 프라임캡 코어 펀드를 처음 생겼을 때부터 계속하여 보유하고 있었기 때문에 지금 이 펀드를 전환하려 한다면 세금이 붙는 차익이 발생할 것이다. 나는 이런 비교적 작은 문제에 대해서는 너무 신경 쓰지 않으려고 노력한다. 물론 이런 사소한 일도 중요하지만 계획의 성패를 가르는 것은 정말 중요한 문제를 제대로 처리할 수 있는가의 여부이다. 우리는 이 계좌의 자산을 한층 안전한 방식으로 투자하고 있다. 실제로 돈을 찾을 수 있는 곳에 한층 유동적인 자산을 보유하고 있는 것이 옳다고 생각하기 때문이다.

우리는 로스 개인은퇴Roth IRA 계좌에 돈을 넣을 수 있게 된 2010년부터 로스 IRA에 돈을 넣기 시작했다. 매년 전통적 IRA에 돈을 납입하고 그다음 로스 계좌로 전환한다. 이 프로그램을 처음 시작했을 때 우리는 모닝스타의 엑스레이 기능을 사용하여 우리가 보유한 포트폴리오를 확인해 보았다. 그 결과 우리의 자산이 외국 주식에 별로 투자되어 있지 않다는 사실을 깨달았고, 이 계좌의 돈을 뱅가드의 인터내셔널 밸류 펀드에 투자하기로 결정했다. 우리 부부의 개인은퇴 계좌에 들어 있는 돈을 모두 이 펀드에 투자되어 있다. 이 계좌의 덩치가 너무 커지지 못하게 막는 조치의 일환으로 이 계좌에 넣는 납입금을 더 이상 늘리지 못하는 제한 대상에 걸려 있지만 이 계좌는 우리가 돈을 넣기 시작한 이래 착실하게 몸을 불려나가고 있다. 은퇴를 하게 될 무렵 세금을 낼 필요도 없고 최소 인출 제약도 없는 자금원을 가질 수 있다는 것은 좋은 일이다.

또한 나는 몇 년 전에 모닝스타에서 본인 부담금이 높은 건강보험 상품을 도입한 이래 의료 저축 계좌를 만들어 최대한도로 돈을 넣고 있다. 지금 당장은 돈이 많이 모이지 않았지만 의료 비용이 발생해도 가능한 한 이 계좌의 돈은 건드리지 않으려고 한다. 이 계좌의 돈이 좀 더 불어나게 만들고 싶기 때문이다. 이렇게 지속적으로 꾸준히 납입할 때 돈의 액수가 얼마나 금세 불어날 수 있는지 놀라울 정도이다. 게다가 이 돈은 봉급에서 바로 빠져나가기 때문에 굳이 수고를 들일 필요도 없다.

이 모든 일이 이렇게 제대로 돌아가게 된 데에는 몇 가지 요인이 있다. 전부 믿어지지 않을 정도로 평범한 요인들이다. 첫 번째이자 가장 영향력이 큰 요인은 그저 우리 부부가 계속해서 직장을 다니며 일을 했다는 사실이다. 그 덕분에 우리는 시종일관 건실하게 저축을 할 수 있었다. 현재 우리는 거의 모든 펀드의 납입금을 자동 이체로 설정해둔 상태이다. 벌써 몇 년 동안이나 그렇게 해왔다.

정말 다행히도 돈 문제와 관련해서 남편과 나는 마음이 잘 맞았다. 남편은 언제나 근검절약을 하는 사람이지만 정말 중요한 문제에 대해서는 돈을 아끼지 않았고 결혼 초반부터 나도 남편의 영향을 받아 그런 식으로 생활하게 되었다. 돈을 어떻게 사용하는가에 대해 우리의 의견이 일치한다는 사실은 바로 우리가 서로 비슷한 가치를 중요하게 여긴다는 점을 잘 보여준다.

일례로 최근에 나는 주위의 도움이 필요한 사람들에게 우리가 재정적으로 도움을 주면 어떻겠냐고 남편에게 제안했다. 나는 혹시라도 남편이 그 제안을 지나치다고 생각할까 봐 걱정이 되어 그 말을 하면서도 약간 조마조마한 마음이었다. 하지만 남편은 내 제안에 흔쾌히 동의했다. 나는 개인 재정을 꾸려 나가는 문제에 있어 배우자와 경제적인 관점에서 서로 화합할 수 있는 능력은 매우 중요하다고 생각한다.

또한 운이 좋게도 나는 일을 하는 동안 모닝스타의 주식을 받을 수 있었고 이 주식은 그동안 효자 노릇을 해주었다. 최근 몇 년 동안 나는 우리 자산을 세금 효율적인 방식으로 졸라매기 위해 노력을 해왔다. 하지만 객관적인 관점에서 볼 때, 내가 다니는 회사의 주식을 보유하고 있는 것은 우리 재무 설계의 위험을 높이는 요소이다. 나는 모닝스타 주식회사의 주식을 직접 보유하고 있으며 또한 양도

제한조건부 주식도 가지고 있다. 우리는 회사 주식 경험이 풍부한 시카고의 재무 설계 회사를 찾아갔고, 그 회사에서는 우리가 세금 폭탄을 맞지 않고도 주식을 처분할 수 있는 전략을 짜주었다.

우리 가족에게 유리하게 작용했던 또 한 가지 핵심 요인은 그동안 주식에 무게를 두어 투자했다는 점이다. 우리는 둘 다 시장이 주기에 따라 움직인다는 사실을 잘 알고 있었기 때문에 당연히 닥칠 수밖에 없는 일반적인 시장 침체에는 한 번도 신경 쓴 적이 없다. 실제로 나는 종종 시장 변동성에 대해 겁을 집어 먹고 수선을 떠는 사람들을 이해하는 척 연기를 해야만 한다. 하지만 정말 솔직하게 말하자면 나는 그런 심정에 대해서는 전혀 공감할 수가 없다. 하지만 나는 다음 차례에 닥쳐올 경기 침체가 나에게 영향을 미칠 수 있는 가능성을 배제하지 않고 있다. 지난번 경기 침체는 10년 전의 일이었고 지금 우리는 나이를 열 살 더 먹었으며 은퇴 시기에 그만큼 가까워졌기 때문이다.

우리는 집을 소유하고 있지만 이를 투자라고 생각하지 않는다. 우리가 좀 더 젊었다면 투자라고 생각했을지도 모른다. 특히 우리가 구입했던 첫 번째 집에는 엄청난 노동과 수고를 투자했기 때문에 더더욱 그랬다. 그때는 집의 가치가 점점 높아지는 모습을 지켜보는 일이 즐거웠다. 그 당시 집은 우리의 순자산에서 상당히 큰 비율을 차지하고 있었다. 하지만 지금 인생의 현 단계에서 집은 우리가 살고 있는 장소이지 투자의 대상이 아니다. 만약 우리가 이사를 해야 한다면 다른 집을 마련하기 위해서 이 집의 가치와 똑같은 가치의 돈을 지출해야 할 가능성이 높다. 그렇기 때문에 우리가 가진 자산에 대해서 생각할 때 나는 집과 연관된 자산에 대해서는 거의 고려하지 않는다.

우리가 한 가장 큰 실수는 항상 상당량의 현금을 과세 대상 계좌에 그냥 내버려둔다는 점일 것이다. 게으름 때문이지만 한편으로는 더 높은 수익을 낼 가능성이 있는 곳으로 자금을 옮길 시기가 적당치 않게 여겨지기 때문이기도 하다. 여기에는 분명 기회비용이 존재한다. 특히 현금의 이자율이 0%에 가까워진 최근 몇 년 동안에는 그랬다. 하지만 한편으로 비상시에 사용할 수 있는 유동적인 자금원이 있다는 사실에 정신적 안정을 얻을 수 있었고 그 덕분에 퇴직연금 계좌에 있는 돈을 아주 공격적인 방식으로 투자할 수 있었다고도 말할 수 있다.

나는 인생에서의 성공은 어떻게 균형을 잡는지에 달려 있다고 굳게 믿는 사람이다. 그리고 내 투자 방식이 이 신념을 반영하고 있다고 생각한다.

How I Invest My Money

브라이언 포트노이
Brian Portnoy

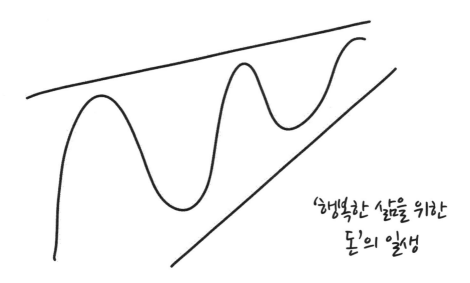

'행복한 삶을 위한
돈'의 일생

브라이언 포트노이Brian Portnoy는 개인과 회사가 돈과 관련하여 현명한 판단을 내릴 수 있도록 돕는 재무 건강 회사인 '셰이핑 웰스Shaping Wealth'의 창립자이다. 그는 행동 재무학을 다뤄 호평을 받은 《투자가의 패러독스The Investor's Paradox》와 《부의 기하학The Geometry of Wealth》에서 어떻게 하면 현명한 재무 결정을 내릴 수 있는지, 어떻게 하면 돈과 인생을 즐겁게 조화시킬 수 있는지 이야기했다.

그는 포트폴리오 구성 전략부터 돈과 행복의 상관관계에 이르기까지 여러 다양한 주제에 대해 기조 강연자, 세미나 지도자, 코치로 활약하며 투자자를 돕고 있다. 브라이언은 헤지펀드와 뮤추얼펀드 업계에서 20년 이상 일했다. 그는 시카고 대학교에서 박사 학위를 취득한 공인재무분석가이며 결정교육연맹Alliance for Decision Education에서 자문위원으로 활동하고 있다. 현재 시카고에서 아내와 세 자녀와 함께 살고 있다.

고정 수입이
있는가?

　나의 부모님은 돈 문제 때문에 결혼 생활 내내 다투었다. 우리 집이 돈에 궁했던 것은 아니었다. 아버지는 돈을 잘 버는 재주가 있었고 어머니는 그 돈을 잘 쓰는 재주가 있었다. 부모님은 여러 가지 이유로 서로를 싫어하는 것처럼 보였는데, 그중에서도 돈은 갈등의 원인이자 다툼의 수단이었다. 부모님이 이혼한 후에도 위자료와 양육비 문제는 오랜 기간 이어진 불쾌한 싸움의 원인이었다.

　성인이 된 뒤로 나는 종종 우리 부모님에게 돈에 대해 무엇을 배웠는지 스스로에게 묻는다. 짧게 대답하자면 그 대답은 언제나 똑같다. 전혀, 아무것도 배우지 않았다. 좀 더 길고 몰인정하게 대답하자면, 돈이 수단이라는 사실을 배웠다. 물건을 사고 다른 사람을 상처 입힐 수 있는 수단 말이다.

　하지만 현재 내가 재무 건강에 초점을 두고 돈과 관련된 일을 하고 있다는 사실은 힘겨웠던 어린 시절의 고통과는 어떤 식으로든 전혀 상관이 없다. 내가 돈을 다루는 업계에서 20년 넘게 일하게 된 것은 사실 우연의 결과였다. 나는 2000년에 대학교를 그만두고 모닝스타에 입사했다. 당시 나는 돈이 한 푼도 없었지만 트레이시와 결혼하고 싶었다. (트레이시는 현재 20년 동안 내 아내의 자리를 지켜주고 있는 사람이다.) 하지만 여러 학교의 교수직을 이곳저곳 떠돌고 싶지 않았다. 그리고 모닝스타는 글을 잘 쓰는 솜씨가 있고 시장을 재미있다고 생각하는 나 같은 괴짜들을 고용해 주었다. 내가 투자 업계로 들어오게 된 것은 프로이드적 수수께끼의 답이 아니었다. 그것은 내가 사랑하는 사람과 내가 소중히 여기는 사고방식을 지키며, 발전하는 인생을 살아가기 위한 적응 행동이었다.

단지 투자만 하는 것이 아니라 돈을 벌고 쓰고 모으고 빌려주고 베푸는 등의 행위를 모두 포함하여, 돈에 대한 내 생각은 '행복한 삶을 위한 자금'이라는 개념으로 정리된다. 내게 진정한 부란 의미 있는 인생을 살아가기 위한 비용을 지불할 수 있는 능력을 의미한다. 이 능력은 그저 돈을 많이 갖고 있거나 많은 것을 소유하고 있는 것과는 매우 다르다. '행복한 삶을 위한 자금'은 내가 살고 싶은 삶, 아내와 가족들에게 누리게 해주고 싶은 삶의 정신적 기준이다.

나는 농담으로 한창 자라는 아이들의 부모이자 나이 들어가는 부모를 모신 자녀로서 중간에 낀 '샌드위치 인생'이라는 책을 써야 한다고 말한다. 이 중 한 가지 역할이라도 제대로 수행하는 일은 결코 쉽지 않다. 두 가지 일을 다 하려면 심신이 지치고, 돈도 많이 든다.

우리 가족은 몇 가지 목표를 가지고 있다. 그중 첫 번째는 편안한 일상을 가능한 한 침해받지 않는 것이며 그 결과 의미 있는 삶을 살 수 있는 여유를 확보하는 것이다. 깊은 인간관계와 재미있는 경험(특히 여행)을 즐기고 직업적 성취감을 누리는 한편, 우리 자신보다 더 큰 무언가를 위해 살고 있다는 의식으로 충만한 인생을 살아가는 것이다.

두 번째는 대학과 은퇴라는 두 가지 큰 기둥이 있다. 나의 세 자녀가 모두 4년제 사립대학에 들어간다면 약 100만 달러를 지출해야 한다. 은퇴 생활에 얼마가 필요하게 될지는 그저 추측에 불과하다. (물론 나는 모든 숫자, 계산기, 현금 흐름 측정 기준에 대해 잘 알고 있다. 그래도 마찬가지이다.) 그래서 우리는 401(k) 퇴직연금 계좌와 개인은퇴 계좌를 최대한도에 맞춰 꽉 채워 넣고 있다.

세 번째는 아이들에게 나와 아내를 부양하는 재정적 부담을 지우지 않는 것이다. 나는 어머니의 생활비를 보태는 일이 그리 기분 좋지 않기 때문에 인생의 노년에 자식들에게 재정적인 부담이 되지 않기로 맹세했다.

마지막으로 여동생 셰릴이 있다. 셰릴은 취약X증후군이라 불리는 유전 질환으로 인한 발달장애를 앓고 있다. 그리고 앞으로도 살아가는 데 내 도움이 필요할 것이다. 남은 평생 동안 내가 동생을 돌봐야 한다고 생각하면 압박감이 느껴지기도 하지만 내가 그럴 수 있을 만큼 성공했다는 사실에 만족을 느끼기도 한다. 지금까지는 오랫동안 아버지가 여동생을 돌보았지만 때가 되면 이는 곧 전부 내 책임이 될 것이다.

이 모든 목표를 달성하기 위해서 꼭 필요한 것은 정신적 회계이다. 나는 모든 모델이 잘못되었지만 그중에는 일부 유용한 부분이 있다는 말을 좋아한다. 나는 이 실용주의를 내 자산관리에 적용하고 싶다. 우선, 앞에서 설명한 것처럼 내가 자금을 마련해야 하는 여러 가지 목표가 있다. 대학 학자금처럼 한 번에 목돈을 지출해야 하는 것이 있는가 하면 현재의 생활과 미래의 은퇴 생활을 위해 정기적으로 지출해야 하는 현금 흐름도 있다. 그리고 이 모든 목표에 자금을 마련하기 위한 수단이 있다. 나에게는 네 가지 범주의 수단이 있다.

1. 자유로운 베타 투자
2. 수익을 내는 현금
3. 고정 수입
4. 장기적인 선택

이 네 가지 범주를 한층 자세하게 설명하기 전에 우선 생활 방식에 대해 한 마디 하고 싶다. 인생의 자산관리에서 성공을 거두는 데 있어 오히려 투자는 가장 쉬운 부분에 속한다. 쓸데없는 주위의 잡음을 무시할 수 있다면 말이다. 자산관리에서 핵심은 돈을 벌고, 그다음 지출하고, 저축하고, 빌리는 것이다.

내가 다른 사람보다 운이 좋았다고 말하는 것은 괜히 겸손한 척

하는 말이 아니다. 오랫동안 헤지펀드 업계에서 일하면서 돈을 잘 벌 수 있었던 것은 정말 운이 좋았기 때문이다. 나는 내가 세운 목적을 달성하기 위해 이 도덕관념이라고는 없는 생태계에서 기회를 한껏 이용하는 일에 양심의 가책을 전혀 느끼지 않는다. 수입이 괜찮다는 맥락에서 한 가지 덧붙이자면 아내와 나는 기본적으로 절약이 몸에 배어 있다. 예산이 부족하기 때문이 아니라 그저 우리가 다른 사람들을 유혹하는 것처럼 보이는 사치스러운 물건들(자동차라든가, 보석, 와인, 미술품, 호사스러운 여행 등)을 별로 갖고 싶어 하지 않기 때문이다. 나와 아내의 재무 건강의 토대에는 돈을 아끼고 저축하는 성향과 더불어 빚에 대한 혐오가 깔려 있다.

우리는 얼마 전 주택 담보 대출을 모두 갚았다. 나는 그 현금을 보유함으로서 내가 벌 수 있는 돈에 대한 '마진'을 잘 알고 있다. 그래도 괜찮다. 나는 주택 융자는 물론 다른 빚이 전혀 없는 상태를 좋아한다. 돈을 잘 벌고, 잘 쓰고, 저축하고, 빌리는 일을 해결하고 나면 이제 투자가 남는다.

네 가지 범주의 방법을 설명하겠다.

'자유로운 베타 투자.' 누구든 더 나은 펀드 매니저를 고르는 일이 왜 헛고생에 불과한지에 대해 책을 쓸 수 있을 것이다. (실은 내가 벌써 그런 책을 썼다.) 그리고 지난 20년 동안 전 세계 최고의 펀드 매니저를 무대 뒤에서 만나는 특권을 누린 끝에 내가 깨달은 것은 대다수의 사람은 인생의 대부분의 시기 동안 주식과 채권의 인덱스펀드 (혹은 상장지수 펀드)를 가지고 있어야 하며, 자산을 합리적인 비율로 이 펀드들에 배분한 다음 자신의 인생을 살아가야 한다는 것이다. 우리 가족의 학자금 계좌와 은퇴 자금 계좌의 대부분은 뱅가드 토탈 월드 스톡 ETF(VT)에 들어가 있다. VT에서는 1년에 0.09%의 수수료 (거의 무료나 다름없다.)로 전 세계적으로 다양한 주식에 노출시켜 준다. 전 세계의 주식시장이 잘 돌아가고 있다면, 우리 자산도 잘 돌아가고 있다는 뜻이다.

나는 갖가지 요소를 적용하여 적극적으로 포트폴리오를 어느 한쪽으로 치우치게 하는 데는 전혀라고 할 만큼 관심이 없다. 그런 걸 제대로 짚어낼 확률은 동전을 던져 앞면인지 뒷면인지 맞출 확률보다 더 낮다고 생각하기 때문이다. 실제로 이런 걸 맞추는 것을 직업으로 삼은 아주 부유한 펀드 매니저들이 계속해서 잘못 짚는 경우를 무수히 많이 보았다. 그럴 시간이 있다면 나는 그보다는 책을 읽겠다.

'수익을 내는 현금.' 이론적으로 볼 때 내가 저지른 가장 큰 실수는 현금을 지나치게 많이 보유하고 있다는 것이다. 어느 경우에는 현금 보유량이 순자산의 25%가 넘을 때도 있다. 지난 10년 동안의 상승장에서 내가 그 돈으로 투자를 했다면 얼마의 수익을 낼 수 있었는지 계산을 하면 배가 아파 속이 뒤틀릴 지경이다. 하지만 나는 이렇게 생각한다.

첫째, 내 직업은 극단적으로 변동성이 높다. 내 인적자본과 금융자본은 아주 밀접하게 연계되어 있다. 2008년 같은 시기에 내 재정 안정성은 위기에 몰렸다. 나는 그런 상황에서 빠져나올 구멍을 마련해둘 필요가 있었다. 나는 여러 가지 재무와 관련된 일들을 해왔으며 어떤 일은 뜻대로 그만두었지만 어떨 때는 억지로 일을 해야 하기도 했다. 현금을 보유하고 있는 일은 현금 흐름면에서는 물론 정서적으로도 부채를 지지 않게 해주는 예방책이 되어 주었다. 나는 혹시 내가 하는 일이 정말로 막다른 곳에 몰린다고 해도 트레이시와 아이들이 아주 오랫동안 (몇 년 동안) 잘 지낼 수 있을 것이라는 사실을 알고 있기 때문에 밤에 푹 잠이 들 수 있었다. 한층 건설적으로 현금은 시장이 혼란해지거나 예상치 못한 기회가 등장했을 때 이를 이용할 수 있는 선택권을 제공하기도 한다.

'수익을 내는'이라는 말은 은행 이자가 0%인 시대에 좀 더 높은 수익을 올리기 위한 나의 노력을 의미한다. 다른 사람들과 다르게 나는 이자가 더 높아 봤자 얼마 차이도 나지 않는 은행을 사방치기 놀이하듯 돌아다니지 않는다. 백분의 몇 퍼센트밖에 되지 않는 이자를 더 받기 위해 은행을 다니는 일은 수고로운 일일 뿐이다. 그 대신 나는 초대형 수익률이 나는 단기 지방채 펀드에 현금을 넣으려고 노력한다. 단기의 시채 단주를 구매하여 등가과세소득을 5% 이상 올리는 소규모의 개인 펀드(유한책임조합)에 투자하고 있다. 이런 기회는 잘 찾아보면 주위에서 많이 찾아볼 수 있다. 거대한 시채 구매 기관은 이런 펀드에는 손을 댈 수 없다. 어떤 사람들을 이를 채권 투자라고 하며 현금이 아니라고 말할지도 모른다. 그래도 좋다. 이 펀드는 월간 환금성 (일간 환금성이 아닌)을 지니며 그 결과 펀드 매니저는 자금을 한층 효율적으로 관리할 수 있다.

'고정 수입.' 나는 지속적으로 수익이 발생하는 부동산을 몇 군데 소유하고 있다. 매달마다 임대료가 들어온다는 것은 참 기분 좋은 일이다. 내 꿈은 60대가 되었을 무렵 우리 가족의 생활비를 여유롭게 지출하고 혹시 병에 걸렸다면 필요한 의료비를 충당할 만큼 안정적 수입을 얻는 일이다. 나는 부동산 투자와 더불어 단기 개인 대출 사업에도 투자하고 있다. 개인 투자자들의 네트워크에 속해 있으면 갖가지 기회들이 자주 찾아온다. 이런 기회는 대부분 현금으로 전환할 수 있는, 선취권 혹은 우선변제권이 있는 채무 증권일 때가 많다. 위험에 비해 수익률이 높고 종국에 가서는 가치가 오를 가능성이 있는 투자들이다. 이를테면 나는 한 채석장 소유주가 새로운 바위 분쇄 장비를 구입할 수 있도록 돈을 빌려주는 작은 조합의 일원이다. 채석장이라는 특이한 요소 때문에 그는 금융권에서 대출을 받을 수가 없었고 중간에 한 친구가 나서 높은 이자율이 붙은 어음을 발행했다.

나는 정부에서 운영하는 임대 건물 중 몇 곳에서 우선 변제권을 가지고 있다. 다시 한 번 그 특이한 이유 덕분에 내가 빌려준 돈에 대해서 높은 한 자리 숫자의 이자를 벌고 있으며 여기에 더해 몇 년 후 건물이 매각될 경우 건물의 가치가 오를 가능성도 있다. 이런 투자를 하기 위해서는 투자 기회로의 접근 가능성이 필수적이다. 여기에서는 어떻게 사회자본이 금융자본으로 전환되는지에 대한 중요한 교훈을 찾아볼 수 있다.

'장기적인 선택.' 이 범주는 불확실성의 수호신과 벤처 캐피털의 영역이다. 나는 지금까지 내가 성공하기를 바라고 있는 몇몇 아주 작은 회사들의 주식을 보유해왔으며 앞으로도 계속 보유하고 있을 예정이다. 그중 몇몇 회사들은 내 바람대로 성공했다. 한 수제 위스키 제조사는 증류주 브랜드 종합 회사에 매각되었다.

의료용 칸나비스를 취급하는 회사도 마찬가지였다. 한편 이미 없어진 회사도 있고, 없어질 위기에 처한 좀비 (얼마나 지독한 기분일까?) 같은 회사도 있다. 하지만 대부분의 회사는 아직 살아 있으며 왕성하게 활동하고 있다. 이를테면 내 친한 친구 중 한 명이 기업 고객을 대상으로 명상 서비스를 제공하는 멋진 회사를 시작했을 때, 나는 그녀를 응원하는 마음을 전하기 위해 2만 5,000달러를 투자했다. 그녀는 멋진 활약을 펼치며 그 회사를 잘 꾸려나가고 있지만, 혹시라도 그 회사가 위기에 처한다 해도 내가 내 친구를 지지해주었다는 사실은 남을 것이다. 대체적으로 내가 투자하는 회사들의 몇 곳만이라도 성공하게 된다면 나는 많은 돈을 벌게 될 것이다. 하지만 실제로 얼마를 벌게 될지의 숫자는 완전히 추측에 불과하며 이에 기반을 두고 나의 재무 계획을 세우는 일은 어리석은 짓이 될 것이다. 이는 거의 복권이나 다름없다.

결론적으로 말하자면 돈은 혼란과 통제를 불러일으킨다. 지금까지의 경험으로 내가 돈을 통제하기는 어렵다는 것을 잘 알고 있다. 하지만 그 확률에 내기를 거는 일이 우리가 할 수 있는 최선이라는 것도 알고 있다. 내가 지금까지 설명한 투자 방식에는 잘못 돌아갈 가능성이 있는 수없이 많은 요소들이 존재한다. 그리고 여기에는 실제의 상황을 제대로 파악할 수 있는 모의실험 같은 것은 존재하지 않는다. 불리한 요소의 대부분은 통계적인 것이 아니라 개인적인 것이기 때문이다.

행복한 삶을 위한 자금을 마련하는 과업은 어떤 숫자를 성취하는 것과는 거리가 멀다. 이는 그저 우리에게 정말로 중요한 것들을 계속해서 누리기 위한 끊임없는 모험일 뿐이다.

조슈아 브라운

Joshua Brown

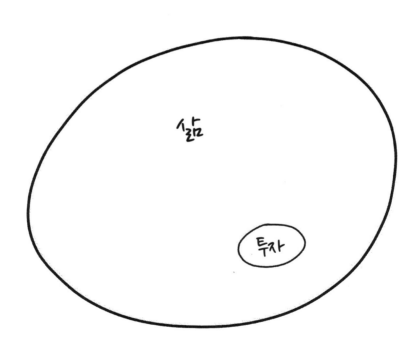

조슈아 브라운Joshua Brown은 개인 투자자를 비롯하여 기업 은퇴연금, 기금, 재단을 위해 13억 달러를 운용하고 있는 리츠홀츠Ritholtz 자산관리회사의 공동창립자이자 CEO이다. 브라운은 《월 스트리트의 뒷무대Backstage Wall Street》와 《경제 전문가들의 충돌Clash of the Financial Pundits》을 쓴 저자이며 이제 문을 연 지 12년을 맞은 유명 블로그, '올바른 주식 중개인'의 운영자이기도 하다.

지난 10년 동안 매주마다 CNBC의 텔레비전 방송에 출연해왔으며 이 업계에서 가장 많은 소셜 미디어 팔로워를 달성한 인물이다. 현재 뉴욕 롱아일랜드에서 가족과 함께 살고 있다.

누구에게나 통용되는
포트폴리오는 없다

나는 내 돈을 어떻게 투자하는가?

아주 단순하게 정리하자면, 나는 적극적 투자와 수동적 투자를 섞는다. 뮤추얼펀드와 개인 투자와 상장지수 펀드를 혼합하고 공적 자산과 개인 자산을 적절히 배분한다. 다만 내가 하는 모든 투자에서 한 가지 일관된 요소는 이 모든 투자가 장기 투자에 편중되어 있다는 점이다. 나는 당일 매매나 스윙 매매 같은 것은 하지 않는다. 그런 매매를 하는 솜씨가 없기도 하지만 그렇게 투자를 하기 위해서는 온종일 시간을 투자해야 한다는 압박을 느끼기 때문이다. 나는 아침부터 저녁까지 내가 관심을 기울여야만 하는 투자 양식에 얽매여 있고 싶지 않다.

나의 우선 순위는 회사와 고객, 그리고 직원들이다. 그래서 무언가에 투자를 하면 대부분 투자를 한 상태 그대로 내버려 두는 편이다. 여기서 우선 짚고 넘어가야 하는 부분은 내 순자산의 대부분은 대출이 남아 있지 않은 내 집이라는 사실이다. 지난 몇 년 동안 우리 부부는 집을 개조하는 데 돈을 지출했다. 무슨 이익을 얻기를 바라며 한 일은 아니었고 그저 이 집에서 평생 동안 살 마음을 먹었기 때문이었다. 이것은 재정적 투자라기보다는 심리적 투자에 가까울 것이다.

나는 지금 살고 있는 이 집에 애정을 느끼고 있으며 이 집을 팔 마음이 전혀 없다. 나와 아내는 우리의 행복을 위해 집을 개조하고 꾸몄다. 오늘 당장이라도 이 집을 판다면 큰 이윤을 남길 수 있을 것이다. 지금 뉴욕을 벗어나고 싶어 하는 사람들이 우리 동네에 있는 집을 사기 위해 부동산 중개인에게 전화를 걸어 백만 달러를 제안하고 있다. 하지만 지금 집을 판다면 우리가 살 다른 집을 다시 고가의 가격으로 구매해야 하기 때문에 굳이 그럴 이유가 없다.

나는 리츠홀츠 자산관리회사 주식의 30% 정도를 소유하고 있다. 지난해 회사는 주주들이 주식을 구입하도록 하기 위해 주식의 가치를 떨어뜨렸다. 회사는 고객과 직원, 파트너의 발전에 이득이 되는 결정만을 내릴 수 있도록 완벽하게 독립되어 있다. 처음부터 사모펀드나 빚도 없었고, 외부 투자자도 전혀 없었다. 이런 방식으로 회사를 꾸려나가는 것은 전략적인 면에서는 물론 정서적인 면에서 아주 중요하다.

내 401(k) 퇴직연금 계좌는 우리 회사의 고객을 위해 사용하는 자산 분배 모델과 완벽하게 같은 방식으로 투자되어 있다. 나와 유사한 투자 위험 감수도를 지닌 고객과 같은 펀드에, 같은 비율로 투자하고 있다. 나는 아직 나이가 젊기 때문에 전부 주식에 투자하는 모델을 사용하고 있다. 아직은 좀 더 위험을 감수할 수 있으며 이 계좌에는 앞으로 25년 동안은 손을 대지 않을 작정이기 때문이다.

리츠홀츠 자산관리회사의 직원들 또한 고객에게 제공하는 자산 분배 모델에 따라 투자하고 있다. 이 점은 우리 회사의 중요한 결정이었다. 우리는 자신들의 개인은퇴 계좌 또한 우리가 내놓는 상품을 적용시켜 관리한다. 우리가 만드는 음식을 직접 먹는 것이다. 나는 고객과 똑같은 전략에 따라 투자된 내 401(k) 계좌와 내 회사에서 내가 보유한 주식 지분의 조합을 나의 진정한 자산이라고 생각한다. 나는 회사와 회사가 내놓는 상품에 인생을 걸고 내기를 한 셈이다.

나는 내가 다니던 전 회사에서 SEP IRA(간소화된 직원 연금 개인은퇴 계좌Simplified Employee Pension IRA; 개인은퇴 계좌의 한 종류로 자영업이나 중소기업 운영자가 이용할 수 있는 계좌이다.-옮긴이)를 물려받았다. 나는 이 계좌의 과세 유예 혜택을 활용하여 이 계좌의 자산을 개별 주식과 내 친구들이 운용하는 상장지수 펀드들에 투자하고 있다. 이 펀드들은 우리 회사의 고객 투자 전략에는 포함되어 있지 않다. 나는 친구들이 무슨 일을 시작할 때 친구들을 지지해주어야 한다고 믿는 사람이다.

나는 기꺼이 내 친구들이 내 돈의 일부를 운용할 수 있도록 해주며, 그들의 수익률을 S&P 500 지수와 비교하여 평가하지도 않는다. 그저 신경을 쓰지 않는다. 이미 뱅가드 인덱스펀드와 아이셰어 iShares 인덱스펀드에 충분히 투자하고 있기 때문이다.

〈월 스트리트 저널〉에서 잭 보글Jack Bogle의 투자법을 다룬 적이 있다. 보글의 아들은 헤지펀드를 운영해왔으며 현재는 적극적 투자 방식의 중소기업 펀드를 운영하면서 뱅가드의 인덱스펀드보다 훨씬 비싼 수수료를 부과하고 있다. 그리고 저비용 수수료의 강력한 지지자이자 소극적 투자의 대부라 할 수 있는 잭은 아들의 적극적 투자 펀드에 투자했다. 나는 이 투자에 대한 그의 해명에 감탄하고 말았다.

그의 아들의 회사는 11억 달러를 운용하고 있으며 그 회사에서 다루는 중소기업 뮤추얼펀드는 연간 1.35%의 수수료를 부과한다. 비슷한 주식을 다루는 뱅가드 인덱스펀드의 연간 0.24%의 수수료에 비하면 터무니없이 높은 비율이지만 비슷한 서비스를 제공하는 적극적 투자 관리 회사의 평균 수수료와는 비슷한 수준이다.

모닝스타에 따르면 올해 이 회사의 펀드는 40%의 총수익을 올렸다. 역시 모닝스타가 보고한 러셀 2000의 35% 수익률, 비슷한 종류의 뱅가드 펀드의 34%의 수익률과 비교하면 상당히 높은 편이다.

아들의 성공에 아버지 또한 수익을 올렸다. 잭은 아들이 운용하는 중소기업 펀드에 투자했기 때문이다. 잭 보글은 "우리는 전혀 다른 길로 돌아오지만 결국은 비슷한 장소에 도착합니다."라고 말한다. "아들은 자신이 잘하는 일을 잘해 냈습니다. … 그 방법이 계속 먹힐까요? 그건 모르겠습니다. 하지만 나는 아들이 진다는 쪽으로 내기는 걸지는 않을 겁니다."

실제로 아들의 뮤추얼펀드에 대한 투자는 잭 보글이 한 투자 중 인덱스 투자가 아닌 몇 안 되는 투자 중 하나이다. "우리는 가족이라는 이유로 어떤 일을 하게 됩니다. 그게 일관되지 않다고 말한다면, 글쎄요, 인생이 항상 일관될 수는 없는 법이지요."라고 그는 말한다. 그의 말이 옳다. 인생이 항상 일관될 수는 없는 법이다.

나는 20개 정도의 개별 주식을 보유하고 있다. 대부분 내가 좋아하는 회사이거나 내가 이용하는 회사의 주식이다. 제이피모건JPMorgan, 슬랙Slack, 스타벅스Starbucks, 셰이크쉑Shake Shack, 애플Apple, 아마존Amazon, 구글Google, 버라이즌Verizon, 우버Uber 같은 회사들이다. 나는 이 회사 주식은 사고 나면 팔지 않는다.

나는 기회가 올 때마다 이들 회사의 주식을 더 산다. 또한 배당금이 나오면 자동으로 재투자되도록 설정했다. 버라이즌에 통신비를 납부하고 피오스Fios에 케이블 요금을 납부할 때마다 나는 내가 주식을 보유하고 있는 회사에 기여하고 있다는 생각에 기분이 좋아진다. 이는 치열한 시장에서 그 회사를 저버리지 않기 위해 내가 개발한 심리적 책략이다.

개인은퇴 계좌를 가지고 있는 또 다른 이점은 부동산 투자 신탁 회사의 배당금에 대해서 세금을 내지 않아도 된다는 점이다. 나는 이 배당금을 통상적 수입이라고 생각한다. 그래서 나는 내가 좋아하는 회사인 스토어 캐피털Store Capital과 인비테이션 홈스Invitation Homes, 프로로지스Prologis에서 배당금을 받아 재투자함으로써 투자액을 불려 나가고 있다. 나는 이들 회사의 주식 가격이 떨어지기를 응원한다. 그러면 배당금을 받았을 때 낮은 가격으로 더 많은 주식을 살 수 있기 때문이다.

롱아일랜드에서 크게 부동산 개발업을 하고 있는 내 친구는 직접 부동산을 구매하거나 개인 부동산 시장에 투자하지 않는 것이 좋다고 나를 설득했다. 그는 전문적인 부동산 투자자들보다 훨씬 더 적은 금액으로, 혹은 취미 삼아 그런 투자를 하는 일이 얼마나 쓸모없는 짓인지에 대해 설명해주었다. 그 친구의 주장에 일리가 있었기 때문에 나는 전문 투자자들과 개발업자들이 이미 판을 잡고 있는 상업적인 부동산 시장에서 어릿광대 노릇을 하는 대신 부동산 투자 신탁 회사로 눈을 돌렸다.

나는 알파 수익을 올릴 수 있을 것이라고 생각하기 때문에 개별 주식을 사는 것이 아니다. 스무 살 무렵부터 그저 주식이 좋았기 때문에 나는 내내 주식을 보유해 왔다. 그리고 주식을 사는 돈은 내 돈이다. 나는 내 돈으로 무엇이든 내가 원하는 일을 할 수 있다.

나는 뉴욕 주에서 자녀들의 529 계좌를 만들었다. 이 계좌의 돈은 뱅가드 인덱스펀드에 투자되어 있다. 이 계좌의 돈은 대부분 아이들이 태어났을 때 조부모님들이 마련해준 것으로 우리 부부는 해마다 여기에 돈을 보태고 있다. 아마도 3년마다 투자 보고서를 받아볼 것이다. 나는 어떻게 로그인을 해서 보고서를 볼 수 있는지 찾아봐야 하지만 어쩌면 보지 않는 편이 더 나을 것이다. 첫째가 대학에 가기 전까지 아직 4년이라는 시간이 남아 있다.

마지막으로 남은 과세 대상 자산은 리프트오프Liftoff 계좌에 넣어 놓는다. 훗날 아이들이 성장했을 때 아이들에게 주려고 만들어 놓은 계좌이다. 리프트오프는 리츠홀츠 회사가 베터먼트Betterment와 제휴하여 만든 자동 자산관리 플랫폼이다. 리프트오프에는 계좌에 넣을 수 있는 최소 금액 한도가 없다. 이는 오늘날 자신의 부를 쌓아 나가는 과정에 있는 젊은 투자자를 돕기 위해 우리 회사가 고안한 방법이다.

나는 아이들을 위해 돈을 저축할 필요성과 지금 당장 그들을 위해 무언가를 해주고 싶은 마음 사이에서 균형을 잡아야 한다. 이를테면 가족 여행을 가는 일 같은 것이다. 우리가 모든 일을 다 해줄 수는 없으므로 우리 부부는 현재 경험의 가치와 미래의 자산 보유를 비교하며 끊임없이 대화를 나눈다.

몇 년 전 우리 회사의 공동창립자이자 공동경영자인 크리스 벤Kris Venne은 아내와 나를 위해 재무 설계를 해주었다. 벤의 재무 설계는 우리가 이 문제와 관련된 결정을 내리는 데 크게 도움이 되었다. 그러므로 나는 우리 고객과 똑같은 방식으로 투자를 하고 있을 뿐만 아니라 고객이 받는 것과 똑같은 재무 설계 조언을 받고 있는 셈이다.

이런 전통적 방식의 투자 외에도 나는 내가 성공하리라 믿고 있는 몇몇 작은 신생 회사에 투자하고 있다. 나는 베스트웰Vestwell과 디지털 자산데이터회사, 리스칼라이즈Rikalyze의 주주이며 이 세 회사의 자문 위원으로 일하고 있다. 우리는 이 회사들이 개발한 소프트웨어를 좋아하며 회사 업무에 이 소프트웨어들을 사용하고 있다.

나는 에런 슘Aaron Schumm, 마이크 앨프리드Mike Alfred, 에런 클라인Aaron Klein 같은 창업자들과 손을 잡고 일을 하고 있다는 것을 자랑스럽게 여기고 있으며 그들이 성취한 모든 것을 누릴 수 있다는 사실에 기뻐하고 있다. 나는 또한 소셜 네트워크인 스톡트위츠StockTwits의 주식을 보유하고 있다. 나는 이 소셜 네트워크를 통해 적극적 투자자 사회의 소식을 전해 듣는다.

핀테크 분야의 신생 회사들 중에는 나에게 주식을 준다고 제안하는 회사가 많이 있다. 그 회사들은 내 명성을 이용하여 회사의 이름을 알릴 수 있게 되기를 기대하는 마음에 그런 제안을 한다. 나는 항상 "고맙지만 괜찮다."라고 말하며 거절한다.

나는 내가 실제로 이용하고 있는 상품이나 서비스를 제공하는 회사에 투자하는 것을 더 선호하기 때문이다. 이 세계에는 공짜 같은 것은 존재하지 않는다. 핀테크 회사에서 제안하는 주식 또한 마찬가지이다. 그들은 내 돈을 원하지 않을지는 모르지만 분명히 내 시간이나 영향력, 혹은 내가 쉽게 포기하고 싶어 하지 않는 무언가를 원하고 있을 것이다.

나는 올해 우연한 기회에 에쿼티젠EquityZen이라는 플랫폼을 이용하여 주식을 상장하기 이전의 신생 회사에 투자하기 시작했다. 에쿼티젠에서는 매해 새로운 펀드를 만들어 개인이 소유하고 벤처 자본의 지원을 받는 신생 회사의 주식을 사들인다. 가장 최근 이 펀드에 들어온 회사는 유니티 테크놀로지Unity technologies와 인스타카트

Instacart이다.

어떤 신생 회사가 다음 세대의 기술 분야에서 거물로 떠오르게 될지, 흐지부지 사라져 버리게 될지 예측하기란 어려운 일이다. 그래서 분산투자를 통해 위험을 최소화하려는 에쿼티젠의 바스켓식 접근 방식은 내게 합리적으로 느껴진다. 나는 이런 투자를 직접 할 만큼 시간이나 관심, 전문지식, 자본이 없다.

내가 몇 년 동안에 걸쳐 배운 커다란 인생의 교훈은 다른 사람과는 어느 누구하고도 내 포트폴리오의 장점에 대해 논쟁하지 않는다는 것이다. 다른 사람이 투자하는 방식에 대해, 투자하는 대상에 대해 비판하고 싶어 하는 사람은 언제든지 존재할 수밖에 없다. 하지만 이런 논쟁은 대부분 비판자 자신에 대한 불안과 의심에서 비롯된다.

지금 자신이 하고 있는 투자에 자신감을 갖고 있다면, 이 세상에서 가장 쓸데없는 걱정은 다른 사람이 어떻게 투자하고 있는지에 대해 걱정하는 것이다. 그리고 어떤 주식을 사는가에 대해, 어떤 산업 부문을 선택하는가에 대해 사람들이 나의 의견에 동의하지 않는다면 그 갈등을 해소할 수 있는 가장 간단한 방법이 있다. 바로 시간이다. 정말 상대가 그토록 똑똑하고 내가 그토록 멍청하다면 상대는 나와 반대로 돈을 많이 벌 수 있을 것이다. 혹은 상황이 정반대가 될 수도 있다. 시간이 지나고 무슨 일이 일어날지 두고 보면 된다. 당신은 당신 자신의 포트폴리오에 대해서나 걱정할 일이다. 나는 나의 포트폴리오에 대해 걱정할 테니까 말이다.

나는 절대 공개적인 자리에서 투자가의 투자 방식에 대해 토론하지 않는다. 문자 그대로 다른 사람이 어떻게 생각하는지에 대해서는 전혀 신경 쓰지 않기 때문이다. 당신 또한 할 수 있는 한 가장 빠르게 그런 정신 상태를 가지려고 노력하는 것이 좋다. 주식 토론 게시판은 중독성이 있는 쓰레기 수거장이다. 그 온라인 토론장은 투자 양식의 차이점에 대한 토론이 종종 개인적인 공격으로 이어지는 곳으로, 우리가 반드시 피해야 할 장소이다. 이런 토론의 장소에는 자기 기분을 좋아지게 하기 위해 다른 사람한테 돌을 던지는 사람들이 있다. 어느 누구도 당신에게 그 난장판에 참여하라고 강요하지 않는다. 나는 우리 업계에서 일을 하고 있는 수천 명이 넘는 전문가들을 알고 있지만 그 전문가 중에 이런 곳의 토론에 참가하는 사람은 아무도 없다.

내가 자산을 어떻게 배분하여 투자하고, 어느 곳에 돈을 거는지는 오직 나만이 이해할 수 있는 것이다. 당신의 포트폴리오가 당신만이 이해할 수 있는 것이어야 하는 것과 마찬가지이다. 누구에게나 두루 통용되는 포트폴리오란 존재하지 않는다. 투자 지평과 위험 요소, 수요와 욕구, 정서적 요인은 사람마다 각기 다르기 때문이다. 나는 어떤 방식이 나를 위해 효과가 있는지 알아냈다. 하지만 그러기 위해서는 20년이 넘는 시간 동안 수없이 많은 시행착오를 겪어야 했다. 수없이 한 실수는 말할 것도 없다.

솜씨가 좋은 자문가란 그저 투자에 대해 잘 아는 사람이 아니다. 고객에 대해 충분히 잘 아는 사람이다. 그래서 각각의 고객에게 어

떤 투자 조합이 잘 들어맞는지 알고 있는 사람이다. 나는 나 자신에
대한 자문가 역할을 하면서 다른 사람에게 효과가 있는 방법과 나
에게 효과가 있는 방법을 식별하는 요령을 배울 수 있었다.

How I Invest My Money

밥 시라이트
Bob Seawright

로버트 P. 시라이트^{Robert P. Seawright}는 캘리포니아주 샌디에이고에서 투자 자문과 증권 중개를 전문으로 하는 매디슨 애비뉴 시큐리티스^{Madison Avenue Securities} 유한책임회사의 최고 운용 책임자이다. 그는 샌디에이고에서 5학년을 가르치는 교사인 아내 지니와 함께 살고 있다. 부부에게는 이미 다 장성하여 독립한 세 명의 자녀와 여덟 명의 손주가 있다. 시라이트는 뉴욕주립대학교와 듀크대학교에서 학위를 받았다.

무엇을
남길 것인가?

어느 추운 겨울 1월의 어느 날이었다. 노스저지 병원의 우중충한 3층 병실의 침대 위에는 88번째 생일과 죽음 사이에서 사투를 벌이는 미미가 있었다. 미미는 나의 장모이다. 미미의 생명은 다해가고 있었고 곧 죽음이 닥쳐올 것이었다. 무슨 일이 일어난다 해도 그 사실을 바꿀 수는 없었다.

미미는 남편과의 사별 후 20년을 더 살았다. 그동안 계속해서 건강이 안 좋아졌고 눈은 거의 보이지 않는 상태가 되었다. 이제 그녀는 떠날 준비가 되어 있었다.

미미의 자식들은 밤을 새며 그녀의 옆을 지켰다. 그녀가 살아온 인생과 유산을 증명이라도 하듯 병실은 그녀의 자녀 네 명과 손주 열 명, 그리고 증손주 여덟 명으로 북적였다. 그중에는 내 아내 지니와 우리 아이들, 그리고 손주들도 있었다.

가족들은 노래를 부르고 예전 이야기를 꺼내고 오래 묵은 농담을 하면서 추억을 다시 한 번 함께 나누었다. 목소리를 낮춰 생일 소원을 빌기도 했다. 미미가 이 모든 이야기를 알아듣지 못했음에도 불구하고 가족들은 눈물로 얼룩진 얼굴을 숨기기 위해 자주 고개를 돌려야 했다. 곧 시간이 되었다.

나는 손주들이 미미가 누운 침대 옆에 머무는 모습을 지켜보았다. 그리고 그들이 하는 말에 귀를 기울였다. 나는 그들과 함께, 그리고 다른 가족들을 위해 슬퍼했다. 그들이 회상하는 추억에서 자주 등장하는 말은 바로 뉴욕 주 애디론덱 산맥에 있는 미미의 오두막에서 여름을 보낼 수 있었던 일에 대한 감사였다.

내 아내 지니는 미미의 배 속에서 처음으로 애디론덱 산맥을 방문한 이래 매년 여름이면 이곳을 찾았다. 1980년 미미가 애디론덱 산맥에 있는 오두막을 구입한 것은 가족이 사랑하는 이곳에서 좀 더 많은 시간을 보내기 위해서였다. 그리고 자녀와 손주가 함께 모일 장소를 마련하기 위해서였다. 이 오두막은 곧 온 가족의 피난처가 되었다.

우리 아이들은 매해 여름마다 이 오두막에서 등산과 수영, 테더볼을 했고 카누를 탔다. 또 수상스키를 즐겼다. 십대 무렵에는 그 근처에서 여름 동안 아르바이트를 했다. 내 딸은 이곳에서 남편이 될 사람을 만났다. 그리고 이 오두막에서 우리 가족은 소중한 시간을 함께 했다. 가족은 이곳에서 대화를 나누었고, 가치를 물려주었으며, 교훈을 배웠고, 관계를 회복했으며, 추억을 쌓았다.

그 오두막은 놀라울 정도로 튼튼한 가족의 버팀목이 되었다. 오두막 주변은 우리 가족이 가장 좋아하는 장소였고, 여전히 그 지위를 지키고 있다. 그리고 이 애정은 자녀의 자녀에게까지 되물림되었다. 그 오두막은 훌륭한 투자였다. 그곳은 가족을 모이게 하고 가족과 함께 하기 위한 수단이었다.

재무 업계에서 중요한 것은 어떻게 투자해야 하는지를 고민하고 결정하는 것이다. 하지만 우리는 그보다 우리가 왜 투자를 해야 하는지에 대해 고민하고 그 이유를 밝히기 위해 시간을 들여야 한다. 우리는 미래를 위해 돈을 저축하고 투자한다.

나는 이 책에 글을 기고해준 모든 저자들이 비슷한 투자 전략과 재무 설계 전략을 말해줄 것이라고 자신한다. 아마도 다음과 같은 요소들을 포함하고 있을 것이다. 단순함, 적극적 저축, 균형 잡힌 생활 방식, 투자의 다각화, 저비용, 각각의 목표에 부합하는 합리적인 자산 배분, 위험 감수 능력과 위험 감수도, 현명한 자산 배치, 주의 깊은 세금 설계와 관리, 유산 설계와 관리, 복리에 대한 강조이다. 나 또한 마찬가지이다. 이런 요소들은 모두 중요하다.[4] 하지만 왜라는 질문이 한층 더 중요하다.

훌륭한 재무 설계란 그 사람이 자신의 목적에 따라 살아갈 수 있도록 해주는 수단과 자금을 마련하는 것이다. 인간은 대부분 재능이 부족하기보다는 용기가 부족하다. 그리고 대다수의 경우 끈기가 부족하다. 따라서 우리가 세운 재무 계획을 끝까지 고수하는 일은 뛰어난 재무 계획을 세우고 실행하는 일보다 더 어렵다. 우리의 목적에 대해 몇 번이고 되풀이하여 고민하고 표현하는 작업은 우리가 재무 계획을 끝까지 고수하는 데 도움이 된다. 병원 침대에 누워 있던 미미처럼 인생의 끝자락에서 인생의 즐거움과 고난과 결정들에 대해 돌이켜 본다고 상상해 보라. 그런 상상의 부추김을 받는다면 우리는 한층 나은, 한층 중요한 선택을 할 수 있게 된다.

인간의 의사 결정 체제는 즉각적이며 눈앞에 보이는 보상을 추구하도록 설계되어 있다. 이 말은 곧 우리가 눈에 보이지 않는, 장기간에 걸친 계획에 따른 투자의 진가를 알아보지 못하거나 혹은

---

4. 여기에서 지니와 내가 돈을 어떻게 투자하는지 구체적으로 소개한다. 지니는 교사이기 때문에 403(b) 퇴직연금 계좌를 가지고 있고 연금이 충분히 나온다. 나는 401(k) 퇴직연금 계좌를 가지고 있다. 또한 우리는 공동 투자 계좌를 가지고 있다. 우리는 저비용의 전 세계적으로 다각화된 펀드들에 투자하는 한편 로스 계좌를 할 수 있는 한 최대한으로 활용한다(부분적인 이유는 우리가 세금이 나중에 더 오를 것이라고 생각하기 때문이기도 하지만 가장 큰 이유는 나중을 위해 세금 납부 의무를 해치워 버리는 쪽을 더 좋아하기 때문이다.). 우리는 개별 주식이나 금융 파생 상품은 보유하고 있지 않다. 우리는 자동적으로 투자의 균형을 맞춘다. 외국 주식에 더 가치가 있을 것이라 생각하기 때문에 외국 주식에 치중하고 있지만 그 부분에서 수익이 나지 않을 수 있는 가능성을 인지하고 있다. 우리는 가능한 한 단순하게 살려고 노력하고 있다. 한편 지니의 연금과 나의 사회 보장 연금으로 은퇴 생활에서 예상되는 생활비를 감당할 수 있다는 사실을 알고 있기 때문에 우리 나이 또래의 사람들에 비해 자산의 채권 비율이 훨씬 더 적다. 만약 은퇴할 당시 정기적인 수입이 보장되어 있지 않았다면 우리는 수입을 보장하기 위해 연금 보험을 이용했을 것이다. 우리는 장기 투자를 하고 있기 때문에 투자 보고서를 일 년에 두 차례만 들여다본다. 그리고 장기 투자를 하고 있는 덕분에 개인적으로 변동성을 관리할 여유가 있다. 무언가 투자하고 싶은 충동이 들면 나는 기관 투자자들은 신경 쓰지 않고, 사람들이 거의 잘 찾아보지 않는, 작은 규모의 유가증권들을 찾아본다. 순자산가치에 비해 아주 싼 값으로 매매할 수 있는, 내가 좋아하는 이름이 붙은 폐쇄식 펀드라든가, 지방채의 단주 같은 것들이다. 우리는 또한 퍼스 톨, 잭 보글, 웨스 그레이(알파아키텍츠), 제러미 슈왈츠(위즈덤트리) 같은 사람들이 만든 유가증권을 보유하고 있다. 부분적으로는 이들이 만든 투자 상품을 내가 신뢰하고 있기 때문이기도 하지만 그들이 내 친구이기 때문이다.

무시한다는 뜻이다.

누구나 살면서 고난과 마주하기 마련이다. 어떤 어려움과 고난은 무작위적으로 닥쳐오며 통제에서 벗어나 있다. 어떤 어려움과 고난은 잘못된 선택과 계획에서 비롯된다. 제대로 계획을 세우고 그 계획을 실천한다면, 더 나은 기회를 얻을 수 있으며 더 나은 결과를 추구할 수 있다.

사람들이 자신이 살고 싶다고 말하는 삶과 그들이 실제로 살고 있는 삶 사이에는 종종 커다란 간극이 존재한다. 그리고 그 간극은 언제나 그 자신이 자초한 결과이다. 지금의 결혼 생활이, 지금의 가정이, 지금의 인간관계가 자신이 원하는 것처럼 흘러가지 않는다면 이는 대부분 우선순위와 목적을 제대로 설정하지 않았기 때문이다.

각자 자신만의 목적에 집중해야 한다는 것은 곧 누구에게나 다 두루두루 적용되는 재무 설계나 인생 계획은 존재하지 않는다는 뜻이다. 지니는 대학을 다니면서 멋진 경험을 했다. 우리 부모님은 나를 대학에 보낼 경제적 여유가 없었다. 이런 과거의 사건들은 우리가 부모로서 계획을 세울 때 크게 영향을 미쳤다.

자녀들이 대학에 갈 나이가 되었을 때 그들에게 필요한 교육의 기회를 제공하는 일은 각기 다른 이유에서이기는 하지만 지니와 내게 가장 큰 우선순위였다. 자녀들을 대학에 보내는 데는 돈이 많이 들었다. 실력이 뛰어난 수많은 재무 설계사들은 아마 그만한 돈이 있다면 은퇴 자금으로 쓰는 편이 더 좋다고 말할 것이다. 하지만 우리에게 아이들을 대학에 진학시키고, 그들이 빚을 지지 않고 졸업할 수 있게 만들어 주는 일은 우리의 은퇴 계획보다 훨씬 더 중요했다.[5] 우리는 그렇게 해야 하는 이유에 대해 충분히 고민했기 때문에 어쩌면 좀 더 오랫동안 일을 해야 할지 모른다는 위험 요소를 기꺼이 감수할 수 있었다.

미미는 생일을 맞은 지 이틀 후에 세상을 떠났다. 한때 사랑하고 사랑받는 데 열심이었던 그녀는 이제 오직 추억으로 기억되는 존재가 되었다. 이 사랑의 기억이야말로 그녀가 남긴 최고의 유산이다. 그녀의 오두막은 가족 소유로 남아 있다. 그 오두막은 이제 우리 가족 전체가 머물기에 너무 좁아졌기 때문에 그해 가을 지니와 나는 그 오두막에서 5분 거리에 있는 또 다른 오두막을 구입했다.

우리는 서던 캘리포니아에서 25년 동안 집을 소유하고 살고 있기 때문에 이미 자산 배분에서 부동산 비율이 지나치게 높았다. 새로 구입한 오두막은 부동산의 비율을 한층 더 늘렸다. 재산세도 많이 나오고, 유지비용도 상당히 높은 편이다.

그곳의 겨울은 혹독하고, 오두막은 많이 낡았다. 그래서 오직 여름에만 사용할 수 있을 뿐이다. 그렇다고 사계절 내내 사용할 수 있도록 고칠 수도 없다. 오두막을 고치면 우리는 주 정부가 소득세를 거두기 위한 목적에 따라 뉴욕 주의 주민이 되어 버리기 때문이다. 그렇다고 실제로 거주하는 주에 납부한 세금을 감면받지도 못한다.

---

5. 현재 수많은 밀레니엄 세대들이 과거의 빚을 갚으면서 미래를 위한 자금을 마련하느라 고군분투하고 있다. 대부분 학자금 대출로 이루어진 교육비 지출은 미국에서 재정적 어려움을 야기하는 가장 중요한 원인 중 하나이다. 놀랍게도 밀레니엄 세대의 16% 이상이 5만 달러 혹은 그 이상의 빚을 지고 있다.

실제로 우리가 그곳에서 얼마나 시간을 보내는지와는 상관없이 뉴욕 주 법률에 근거하여 이 오두막은 종신 거주지로 여겨지기 때문이다. 투자적 관점에서는 참으로 안 좋은 투자이다.

지니는 올해 여름 6주 동안 손주들을 데리고 이 새로운 오두막에 가서 지낼 예정이다. 물론 나 역시 자주 이곳을 방문할 것이다. 손주들은 호수에서, 그리고 모래에서 즐겁게 놀 것이다. 부두에서 호수로 뛰어들고, 래프팅을 할 것이다. 카누의 노를 젓고, 수상스키를 타고, 소풍을 가고, 블루베리를 따고, 스모어(크래커 사이에 마시멜로나 초콜릿을 끼워 넣어 불에 구워 먹는 음식으로 미국에서 대표적인 캠핑 음식으로 꼽힌다.-옮긴이)를 구워 먹을 것이다. 우리는 테더볼을 할 수 있도록 기둥을 세울 것이다. 아이들은 가장 즐거운 시간을 보낼 것이다. 이것은 우리 부부가 할 수 있는 가장 중요한 경제적 투자이다.

내가 고등학교 졸업반으로 애디론덱 산맥을 올랐을 무렵 해리 채핀Harry Chapin은 '요람 속의 고양이'라는 좀처럼 잊을 수 없는 이야기를 담은 노래로 1위를 했다. 채핀은 이 노래 가사에서 예전에 아들이 자신의 시간과 관심을 원했지만 받지 못했던 일에 대해, 그리고 지금 자신이 아들과 함께 하는 시간을 바라지만 그 시간을 얻지 못하는 일에 대해 노래한다.

"전화를 끊고 나서 나는 깨달았어.

아들이 바로 나 같은 사람으로 자랐다는 것을.

내 아들은 바로 나와 꼭 닮았어.

요람 속의 고양이와 은숟가락,

파란 옷을 입은 작은 소년과 달 속의 남자

아들아, 언제 집에 돌아오니?

언제 갈 수 있을지 모르겠어요, 아빠.

하지만 집에 가면 함께 시간을 보내요.

그때가 되면 우리는 함께 즐거운 시간을 보낼 거예요."

채핀은 이 노래 때문에 죽을 만큼 두려웠다고 고백했다. 나 또한 그랬다. 그 두려움은 우리가 이 오두막을 산 이유의 일부이기도 하다. 하지만 그보다는 사랑의 이유가 훨씬 더 컸다.

인생에서 가장 좋은 것은 모두 복리로 계산되는 이익을 가져온다. 재정적 투자도 그렇고, 개인적 투자나 가족에 대한 투자가 그렇다. 관용과 봉사의 마음 또한 복리 이자로 불어나간다. 건강한 생활과 교육 또한 그렇다. 사랑은 그 모든 것들 중에서도 가장 강렬한 복리 이자를 만들어내는 것이다. 그래서 우리는 이런 목적에 집중해야 한다.

우리는 운명 혹은 유산을 손 안에서 완벽하게 통제할 수 없다. 하지만 경제적 관점에서, 그리고 다른 관점에서 현명하게 투자한다면 유산은 깊어질 수 있다. 미미는 자신의 이유를 정연하게 정리했다. 그녀는 자신에게 중요한 것이 무엇인지 잘 알고 있었고 인생에서 그 목적들을 실현하기 위해 투자했다. 지니와 나도 똑같은 일을 하기 위해 노력하고 있다.

투자에도 기준점이 필요하듯이 우리의 인생 또한 기준점이 필요하다. 우리는 우리의 말보다는 시간과 재능, 소중한 것들을 어떻게 투자하는지를 통해 자신이 정말 사랑하는 것이 무엇인지 보여준다.

지니와 나는 우리가 어떻게 사랑하고, 어떻게 살아가고 싶은지, 그리고 어떻게 기억되고 싶은지 알기 위해 노력했다. 우리는 목적에 따라 살아가려 한다.

How I Invest My Money

How I Invest

2부

절대 후회하지 않는 투자법

My Money

캐럴린 맥클라나한

Carolyn McClanahan

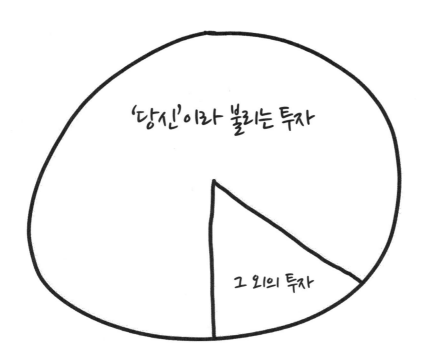

캐럴린 맥클라나한Carolyn McClanahan은 의학 박사이자 공인 재무 설계사이다. 캐럴린은 수수료 기반의 종합 재무 설계 회사인 라이프 플래닝 파트너스Life Planning Partners, Inc의 창립자이다. 그녀는 자신의 재무 설계 회사에서 일을 하고 있으며 건강과 재무 문제의 상관관계에 대해 재무 설계사와 의료직 종사자를 대상으로 교육을 하고 있다. 특히 보험 가입 가능 여부 문제, 노화 문제, 인생의 마지막에 대한 문제, 의료 비용 문제, 의료 개혁 문제를 중점적으로 다루고 있다. 박사는 수많은 매체에 돈과 의료가 교차하는 지점을 다루는 글을 기고하고 있다.

그녀는 국립개인재무상담사협회의 일원이며 재무설계협회와 미국 가정의학아카데미의 일원이다. 〈투자 소식Investment News〉에서 선정한 주목할 만한 여성이자 혁신가 명단에 이름을 올렸다. 그녀의 글은 여러 수많은 매체에서 인용되고 있으며 텔레비전 방송 프로그램에 여러 차례 출연하기도 했다.

자신에게
투자하라

투자나 저축이라는 개념은 내가 20대 후반이 되기까지 배우지 못한 것이었다. 우리 가족한테는 투자할 돈이 없었기 때문이다. 하지만 감사하게도 나는 나 자신에게 투자하는 법을 배울 수 있었다.

나의 부모님은 고등학교도 졸업하지 못하고 육체노동으로 돈을 버는 노동자였다. 아버지의 안전망은 38살부터 받기 시작한 적은 액수의 해군 연금뿐이었다. 그때 나는 고작 여섯 살이었다. 아버지가 다음으로 선택한 직업은 제빵사였고 아버지 소유의 작은 도넛 가게에서 매일 밤마다 도넛을 튀겼다.

다행히 우리 가족은 배를 곯은 적이 없었고 나는 우리가 가난하다고는 단 한 번도 생각한 적이 없었다. 우리 가족이 돈에 대해서 대화를 나누는 것은 생활비 지출 계획을 세울 때가 유일했다. 버는 돈보다 더 많이 써서는 안 된다. 그리고 부모님은 나와 언니들이 열여덟 살이 되면 스스로 살아갈 방법을 찾아야 한다는 사실을 분명하게 해두었다. 그 방법이 결혼을 하는 일이든, 군대에 입대하는 일이든, 대학에 가는 일이든 상관없었다.

부모님이 내게 준 선물 중 하나는 어린 나이부터 돈을 벌 수 있도록 해주었다는 것이다. 아버지는 내가 가게 일을 도울 때마다 돈을 주었고 나는 손님을 기다리기 바빴다. 나는 암산으로 계산을 하는 법을 배웠고 도넛 값을 머릿속에서 재빨리 계산해서 손님들을 깜짝 놀라게 만들었다. 손님들은 나를 '인간 계산기'라고 부르면서 팁을 두둑하게 챙겨주었다. 나는 그렇게 해서 번 돈을 전혀 저축하지 않았다. 그 돈은 모두 부모님이 내게 해줄 여유가 없었던, 십대 여자아이가 좋아할 만한 경박하고 하찮은 일들에 사용되었다.

가족이 내게 준 또 다른 선물은 독서의 즐거움을 알게 해준 일이었다. 그 덕분에 나는 학교에서 좋은 성적을 거두었고 선생님들은 내가 대학에 갈 수 있을 만큼 영리하다고 말해주었다. 운이 좋게도 나는 전액 장학금을 받고 미시시피여자대학교에 들어갈 수 있었다. 그 대학교에 진학한 것은 내 인생에서 내린 가장 현명한 결정 중 하나였다. 대학에 다니는 동안 가족들은 용돈을 보내주었고 나도 여러 가지 일을 하며 생활비를 벌면서 학교를 다녔다. 물론 저축은 전혀 하지 않았다.

내가 의대에 합격한 일은 엄청난 사건이었고 나는 학비를 마련할 방도를 어떻게든 찾아내야만 했다. 그런데 전혀 뜻밖에도 의대를 다니는 첫 일 년 동안 전액 장학금을 받게 되었다. 왜였을까? 국립보건서비스에서는 의대 신입생 중에 가장 빈곤한 학생에게 장학금을 수여하는데, 내가 그 기준에 부합되었던 것이다. 우와! 나는 우리 가족이 그렇게 가난한지 그때까지도 전혀 몰랐다.

1990년대 초반 전공의로 일하는 동안 나는 투자에 대해 배웠다. 그 당시에는 다들 뜨는 주식에 열광하면서 시장 수익률을 이기려고 노력하고 있었다. 나는 IRA에 넣어둔 얼마 되지 않은 액수를 투자했고 유망주를 고르는 전투에 참가했다. 시간이 날 때마다 피터 린치Peter Lynch의 책이나 〈밸류라인Value Line〉 같은 잡지를 읽었다.

그리고 1996년 지금의 남편을 만났다. 그는 기술자였고 외동이었으며 부모님이 최근 세상을 떠나고 유산을 물려받은 참이었다. 서른다섯 살 기술자가 은퇴하기에 충분한 금액은 아니었지만 삶에 조금은 여유를 가질 수 있을 만큼은 충분한 액수였다. 나는 남편이 그 돈을 잘 투자할 수 있도록 도와주었고 나름 성공을 거두었다. 하지만 사실 나는 아무것도 몰랐다. 우리는 그저 운이 좋았을 뿐이었다.

1999년에 나는 내가 모든 것을 다 알았다고 생각했다. 응급의학과 의사로 일을 하면서 부업으로 주식 당일 매매를 시작했다. 오래가지는 못했다. 심장 발작을 치료하고 죽어가는 환자를 상대하는 일보다 당일 매매를 하는 일이 훨씬 더 스트레스가 심했다. 나는 상당한 돈을 잃었지만 다행히도 남편의 비상금을 위험에 빠트릴 만한 정도는 아니었다. 그리고 우리는 대출금을 다 갚았다. 빚이 없다는 것은 기분 좋은 안전망이 되어 주었고 가계의 현금 지출을 감소시켜 주었다.

2000년이 되었을 때 남편과 나는 재무 설계사를 찾아가 보기로 했다. 우리는 남편이 더 이상 기술자로 일을 하지 않아도 될 만큼 우리에게 돈이 충분히 있는지 알고 싶었다. 남편은 육상 종목 코치로 일하면서 사진작가가 되고 싶어 했다. 나는 의사 일에 만족하고 있었지만 남편을 부양해야 하는 책임을 지고 싶지는 않았다. 우리의 목표는 우리가 그렇게 할 수 있는지 우리에게 말해줄 수 있는 사람을 찾는 것이었다.

우리가 만나 본 모든 재무 상담사는 오직 투자에만 관심이 있었고 고가의 상품만을 판매하고 있었다. 그들은 실제로 재무 설계를 해주지 않았다. 바로 그 무렵 나는 재무 설계에 대해 흥미를 느끼게 되었고 학교로 돌아가 재무 설계를 공부한 끝에 이 분야와 사랑에 빠지게 되었다. 나는 재정적 독립을 결정하는 가장 중요한 요인은 얼마나 저축하는가가 아니라 얼마나 지출하는가라는 사실을 깨닫게 되었다.

2002년 나는 재무 설계에 대해 좀 더 많은 것을 배우기 위해 전업 의사에서 시간제 의사로 전환했고 어떻게 재무 설계를 직업으로 삼을 수 있을지 고민하기 시작했다. 그와 동시에 남편과 나는 온갖 낭비적인 지출을 모두 끊었다. 우리는 내가 버는 수입만 가지고 충분히 잘 살아갈 수 있었고 남편의 유산에는 전혀 손을 대지 않았다. 그리고 그 돈이 있어 준 덕분에 나는 2004년 재무 설계 회사를 열 수 있었다. 2005년 나는 오직 돈을 벌기 위한 목적으로 의사로 일하는 것을 완전히 그만두었다.

회사를 열고 초기의 몇 년 동안에는 회사에서 벌어들이는 수입이 거의 없었다. 나는 어떻게 하면 뛰어난 재무 설계사가 될 수 있는지 배우고 싶었고 수입을 계속 회사에 재투자했다. 우리는 계속해서 검소한 방식을 유지하며 잘 살아가고 있었고 오늘날까지도 우리의 지출은 인생에서 가치를 두는 것에 한정된다. 경험과 기부, 그리고 편의성이다. 소비재에 대한 지출은 많지 않다. 그래서 우리는 비싼 장난감이나 부동산의 유지비용을 감당할 필요가 없다.

나는 내가 지금 하고 있는 일을 사랑한다. 우리가 저축을 하는 주된 이유는 내가 일을 할 수 없게 되는 날을 대비하기 위해서이다. 우리는 은퇴연금 계좌에 최대한도로 돈을 넣고 있으며 내가 은퇴했을 때 우리 회사의 가치가 0이 될 것이라고 가정하고 그에 대비하여 저축을 하고 있다. 우리에게는 자녀가 없기 때문에 우리가 죽고 난 다음 남은 재산은 모두 기부될 것이다.

그렇다면 그 돈을 나는 어떻게 투자해 왔을까? 당일 매매 분야에서 완패당하고 난 후 나는 분산 투자와 장기 투자로 개종했다. 그때나는 여전히 사람들이 시장을 이길 수 있을 만큼 영리하다고 생각했다. 그래서 적극적 투자 펀드에 돈을 넣었고 경기 침체 시기에 보호 장치가 되어줄 수 있는 '베어마켓 펀드bear market funds'에 매력을느꼈다.

2004년부터 2007년까지 나는 대안 투자에 대해 연구했고 이 투자가 위험 부담을 감수할 만큼의 가치가 없다는 판단을 내렸다. 투자적격심사나 투명성 결여, 불규칙적인 기록 같은 것들이 마음에 들지 않았다. 그런 문제에 신경을 쓰고 있으니 재무 설계를 잘 하기 위해 내 시간을 투자하는 편이 훨씬 더 좋았다. 이 시기 동안 나는 수동적 투자 대 적극적 투자의 논란에 대해서도 열심히 연구했고 그 결과 나와 우리 고객의 투자를 수동적 투자 방식으로 관리되는 펀드로 조금씩 전환하여 마침내 적극적 투자 펀드와 수동적 투자 펀드의 비율을 거의 반반이 되도록 만들었다. 그 당시 나는 어느 한 쪽이 다른 한 쪽에 비해 더 뛰어나다고 확신할 수 없었다.

2009년 나는 울타리를 뛰어넘어 수동적 투자 진영에 합류했다. 왜였을까? 그 뛰어난 '베어마켓 펀드'가 나머지 펀드들에 비해 죽을 쑤었기 때문이다! 그리고 바로 그와 비슷한 시기에 내 회사는 충분히 성장하여 내가 좋아하지 않는 일을 대신 해주는 첫 번째 전문직 직원을 고용할 수 있었다. 내가 좋아하지 않는 분야는 바로 투자 관리였다. 공인 재무 분석사인 팀 유테크Tim Utech는 개인 재무 분야로 넘어오기 전에는 적극적 투자 방식의 대기업 뮤추얼펀드를 관리하는 일을 했던 사람이었다. 우리 회사에 들어와 일을 하는 데 있어 팀이 제안한 단 한 가지 조건은 내가 완전히 수동적 투자 진영으로 넘어와야 한다는 것이었다. 그래서 나는 팀의 말을 따랐다.

투자에 대한 나의 또 다른 신념은 개별 채권과 채권 펀드 중에서 무엇이 더 좋은가의 문제이다. 우리 고객들은 순자산이 많기 때문에 우리 회사에서는 개별 채권을 이용하여 고객의 포트폴리오에서 고정 수입 부문을 채운다. 왜일까? 나는 눈에 보이는 현금 흐름과 원금 보존을 좋아한다. 우리는 채권이 만기될 때까지 가지고 있기 때문에 이자율 변동에 대해 신경 쓸 필요가 없다. 팀은 채권이 어떻게 작용하는지에 대해 고객에게 설명하는 일에 솜씨가 있으며 고객 또한 이런 식의 접근 방식에 만족해한다. 그 말은 곧 우리가 일을 더 해야 한다는 뜻이지만 우리는 괜찮은 채권 중개인을 많이 확보하고 있으며 팀은 우리가 좋은 값에 채권을 구입할 수 있도록 해준다.

팀은 우리 회사의 투자 정책에 따라 나와 내 남편의 자산을 관리하고 있다. 자산의 50%는 고정 수입에 배분되어 있고 나머지 50%는 주식에 투자되어 있다. 그리고 우리는 우리 고객과 똑같은 펀드에 투자하고 있다. 나는 계좌 잔고를 정기적으로 살펴보지만 정확히 내 재산이 얼마인지 알 수 없다. 우리는 매년마다 지출을 점검하며 계속 돈을 저축할 뿐이다. 하지만 우리는 내가 더 이상 일을 하지 못하게 되었을 때 우리가 충분히 잘 지낼 수 있다는 사실을 알고 있다.

모든 이들에게 알려주고 싶은 나의 가장 큰 투자 비결은 바로 부모님이 가르쳐준 '너 자신에게 투자하라.'이다. 현재 일을 할 수 있는 능력이야말로 가장 안전하고 수익이 높은 자산이다. 평생 동안 배워 나가면서, 몸과 정신의 건강을 돌보고, 인간관계를 돌본다면 후회 없이 안정적이고 만족스러운 인생을 이끌어 나갈 수 있다. 이것이야말로 가장 중요한 일이다.

How I Invest My Money

타이론 로스

Tyrone Ross

실수 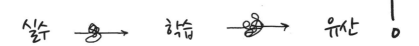 학습 유산 !

타이론 로스Tyron Ross는 재무 컨설턴트로 이야기 컨설팅 회사인 401stc의 창립자이다. 앨트루이스트Altruist에서 지역사회 부문의 이사를 맡고 있으며 이곳에서 휴먼 어드바이저Human Advisor 팟캐스트를 운영하고 있다. 타이론은 시튼홀 대학교를 졸업했고, 2004년에는 육상 400미터 달리기 종목에서 올림픽 예선전에 출전하기도 했다. 그는 2019년 〈투자 소식〉에서 선정한 아직 40세가 되지 않은 40명의 주목할 만한 인물 명단에 이름을 올렸다. 같은 해 웰스매니지먼트Wealth Management.com에서 선정한 이 업계를 변화시킬 최고의 자문가 10명 중 한 명으로 선정되었다. 2020년 파이낸셜플래닝 FinancialPlanning.com에서는 타이론을 자산관리 업계를 변화시켜 줄 20명의 인물들 중 한 명으로 선정했다. 그는 열악한 환경에서 자신의 목소리를 내지 못하는 이들을 위해 대신 목소리를 내주는 일을 일생의 과업으로 생각하고 있다. 타이론은 재무 지식을 보급하는 일, 어린이 기아와 노숙자, 빈곤을 없애는 일에 열정을 가지고 앞장서고 있다. 현재 뉴저지주의 우드브리지에 거주하고 있다.

실패는 가장 높은
이자를 지불한다

　나는 재무 지식에 대해서는 전혀 아는 바가 없는 가정에서 성장하면서 부모님이 몇 차례 힘겨운 재정적 고난을 헤쳐 나가는 모습을 지켜보았다. 집에는 예금이라고는 전혀 없을 때가 많았고 수표를 현금으로 바꿔주는 곳이 있었기 때문에 은행에 갈 필요조차 없을 때가 많았다. 우리는 집에 돈이 없었던 수많은 날들을 복권을 긁으며 연명했고 그래서 나는 지금까지 복권에 대해 나쁘게 말할 수가 없다.

　나는 스물여섯 살이 되어서야 주식시장이라는 것이 존재한다는 것을 알게 되었다. 대학을 다닐 무렵 운동 연습을 하러 가기 전에 매일 텔레비전 화면 아래를 지나는 초록색과 붉은색 숫자를 지켜보던 팀 동료가 있었다. 그 당시에 나는 그를 놀려대며 (그는 회계사가 되어 디즈니에 들어갔다.) 나와 함께 여자애들 꽁무니나 쫓아다니자고 졸랐다.

몇 년 후 나는 사업 운영이나 경제, 회계, 재무 관련 수업이라고는 전혀 들어보지 못한 상태로 월 스트리트로 입성하게 되었다. "보호 감찰관이었다는 경험이 월 스트리트에서 어떤 도움이 될 거라고 생각합니까?"라는 엉뚱한 질문을 받은 후의 일이다. 한번 상상해보라. 경제 관련 지식이라고는 전혀 없는 한 흑인 남자가 자본주의 시장의 중심지에 앉아 이런 질문에 대답을 해야 했던 것이다. 그때는 그랬지만 그 이후 14년 동안 나는 돈과 저축, 투자에 대해 내가 아는 모든 것을 배웠다. 그러는 과정에서 나는 상상할 수 있는 모든 재무적 실수를 저질렀다. 하지만 나는 언제든 내 무지를 폭로하고 지식을 쌓을 수 있도록 만들어 주는 업계에서 일을 한다는 특권을 누리고 있었다.

나는 전형적인 '내 첫 번째 주식'에 대한 이야기가 없다. 하지만 월 스트리트의 첫 직장에서 일을 하기 시작한 지 얼마 지나지 않아 401(k) 퇴직연금 계좌라는 것이 존재한다는 사실을 알게 되었던 순간을 기억한다. (나는 나중에 생활비를 펑펑 낭비해서 쓰는 바람에 이 계좌에 있는 돈을 다 빼서 써 버렸다.)

그 당시 돈을 마구 낭비했던 일은 나 같은 환경에서 자란 사람이라면 누구나 이해할 수 있는, 내가 저질렀던 어리석은 재무적 실수 중 가장 큰 실수였다. 나는 화려한 보석류와 멋진 자동차를 사들이면서 내 신용도를 떨어뜨리고 내가 버는 돈을 무한정으로 낭비했다. 재무 부서에서 일을 하고 있었지만 나의 재정적 자유를 확보해야 한다는 사고방식에는 무지했다. 지금에 와서 생각해 봐도 참으로 아이러니한 상황이었다. 월 스트리트에서 일을 하면서 매수 부문과 매도 부문의 차이에 대해서 무지할 수 있다는 것은 내 주위에 있는 많은 사람들과 쉽게 공유할 수 있는 경험은 아니었다.

나는 오래 지나지 않아 증권 중개업을 하는 '춥 샵chop shop'으로 이직했고 그곳에서 하루 종일 전화를 걸어 주식 매매를 권유하는 일을 하면서 주식에 대해 많은 것을 배우게 되었다. 아는 것이 그리 많지 않았지만 메릴린치Merril Lynch에 들어가 상담사가 되기 위한 훈련을 받는 중에 그 지식을 활용할 수 있었다. 그곳에서 나는 마침내 투자자가 되는 것이 무슨 의미인지에 대해 제대로 이해하게 되었다.

나는 401(k) 계좌를 관리하기 시작했고 뱅크 오브 아메리카Bank of America 주식을 사들였으며 나 자신을 변액유니버셜종신보험에 팔아넘겼다 (내 목표를 달성하기 위해서는 그럴 필요가 있었다). 나는 '재무 설계'란 말을 자주 입에 담기 시작했다. 나는 부유한 가정들과 함께 일을 하기 시작하면서 그들이 어떻게 부를 쌓아 올리고, 불려 나가고, 옮기고, 보호하는지 경험할 수 있었다.

나는 2017년 메릴린치를 나와 독립했다. 2015년 비트코인에 대해 배우고 2016년 신생 회사 창업자들과 함께 일을 하기 시작한 이후의 일이다. 이 부분이 핵심인 이유는 내 자산의 대부분이 암호자산과 개인 회사의 주식 지분에 투자되어 있기 때문이다. 나는 이곳저곳의 회사에 주식을 조금씩 보유하고 있으며, 퇴직연금 계좌에 돈을 납부하는 한편 최근 들어서는 의료 저축 계좌도 개설했다. 나는 또한 자영업자의 재산 축적 능력에 대해 알게 되었고 이를 공부한 끝에 사업주가 되었다. 이렇게 비정상적인 수준의 위험 부담을 감수할 수 있는 것은 내가 독신이기 때문이다. 그리고 지금 나는 투자에 대해 아무것도 모르던 시절에 허비한 시간을 만회하기 위해 노력하고 있다.

나는 투자자로서 계속 성장해왔던 지난 14년 동안 내가 배운 가장 중요한 교훈은 유산을 남기는 일의 중요성이라고 생각한다. 변변찮은 환경에서 시작했지만 재무 지식을 몸에 익힐 만큼 축복을 받았다면 가장 중요한 것은 그 지식을 다음 세대에 넘겨주는 일이다. 나는 내 경험과 지위와 특권을 이용하여 다른 사람을 돕는 일을 내 삶의 목표로 삼았다. 내 목표는 다른 이들도 '재무 문맹에서 벗어나 유산을 남길 수 있도록' 도울 수 있는 청사진을 마련하는 것이다. 그런 이유로 현재까지 내가 한 투자 중 가장 훌륭한 '투자'는 조지아공과대학교에 타이론 로스 주니어 운동 기금을 만든 일이다. 나는 열여덟 살 무렵 이 학교 바로 앞에 있는 은행에서 처음으로 은행 계좌를 개설한 후에 학교에서 쫓겨났다 (내가 우리 가족 중 가장 최초로 고등학교 졸업장을 딴 지 얼마 되지 않았을 무렵의 일이다).

나는 내 투자 역사를 다음과 같은 한 문장으로 요약할 수 있다고 생각한다. '실패는 가장 높은 이자를 지불한다.'

다사르테 얀웨이

Dasarte Yarnway

나는 무엇을 가치 있다고 생각하는가.

← 여기에 투자하라.

나는 어떻게 내 시간을
사용하고 싶은가.

다사르테 얀웨이Dasarte Yarnway는 진취적이고 독립적인 자산관리 회사 버크넬 파이낸셜 그룹Berknell Financial Group의 창립자이자 이사이다. 이 그룹은 밀레니엄 세대와 노련한 투자자들이 최고의 삶을 설계할 수 있도록 돕는 일에 초점을 맞추고 있다. 다사르테는 너드 월릿Nerd Wallet과 〈재무 설계 매거진Financial Planning Magazine〉에서 재무적 사상가로 선정되었다. 그는 주 1회 방송되는 자신의 '영 머니Young Money' 팟캐스트와 매주 업데이트 되는 블로그에서 사람들에게 조언과 통찰을 나누어 주고 있다. 다사르테는 《벤지와의 데이트Dating Benji》, 《영 머니Young Money》, 《월급은 주식으로 주세요Pay Me in Equity》 등의 책을 썼다.

선한
영향력

    돈, 그리고 돈을 어떻게 투자하는가의 문제는 내가 누구인가라는 문제의 연장선상에 있다. 돈은 우리의 DNA를 밖으로 드러내는 표현 방식이다. 내가 무엇에 가치를 두는가의 질문에 대한 해답은 돈을 어떻게 투자하기로 결정하는가의 질문을 추적해나간다면 밝힐 수 있다.

    나는 라이베리아 이민자의 1세대이다. 부모님은 위험한 내전을 피해 고향을 떠나 미국으로 도망쳐 왔다. 우리 가족은 돈은 많지 않지만 사랑과 경험만큼은 풍족했다. 그리고 필요한 모든 것을 가지고 있다는 확고한 믿음이 있었다. 우리는 감사하는 마음으로 살았고, 무슨 일이 닥치든 잘 해결해 나갈 수 있었으며, 나눌 것이 그리 많지 않았지만 지역 사회의 사람들에게 기꺼이 베풀면서 살았다. 나는 몇 번이고 되풀이하여 가슴 아픈 상실을 경험했고, 그런 사건들을 통해 시간을 소중하게 여기게 되었다. 경험을 통해 시간이라는 귀중한 자원이 한정되어 있다는 사실을 마음 깊이 깨달았기 때문이다.

내가 자란 환경의 특징은 내가 돈을 투자하는 방식과 밀접하게 연관되어 있다. 나는 스물아홉 살의 젊은 남자이다. 인생에서 축적하는 시기인 이 시기를 보내는 대부분의 젊은이들과 마찬가지로 내가 가진 가장 큰 자산은 시간이다. 돈 이전에, 나는 내 시간을 어떻게 투자하는지가 종국에는 자산의 형태로 나타나게 될 것이라는 사실을 알고 있다. 현금을 포함하지만 현금에 한정되지 않는 자산이다.

시간과 가치의 교차점은 내가 돈을 어떻게 투자해야 하는지를 알려주는 나침반이 된다. 좀 더 구체적으로 말하자면, 만약 내가 어떤 특정한 대상을 '가치 있게' 여긴다면 그 대상이 사람이든 장소이든 그 대상에 돈을 투자하고 싶어질 것이다. 만약 앞에서 언급한 그 대상(사람)과 함께, 혹은 그 대상(장소)에서 내가 상당한 '시간'을 보내고 있다면 나는 또한 그 대상에 돈을 투자할 것을 고려할 것이다. 추가적으로 무언가가 내 시간을 아껴줄 수 있다면 나는 분명히 그곳에도 내 돈을 투자할 것이다. 그렇게 해서 절약한 시간을 내가 '가치' 있게 여기는 것에 재투자할 수 있기 때문이다. 나는 이 원칙을 내 개인 투자 정책의 일부로 여기고 있다.

이제 돈 문제에 대해 이야기하자. 내 순자산의 대부분은 내 회사에 묶여 있다. 나는 규모가 큰 몇몇 재무 서비스 회사에서 일을 하다가 2015년 회사를 설립했다. 나는 아무것도 없이 1달러짜리 지폐 한 장과 꿈 하나만을 가지고 창업했다. 유일한 주주로서 버크넬에 대한 나의 투자는 세 가지 역할을 한다. 첫째, 나는 내 시간을 소유할 수 있다. 아버지는 내가 청소년 풋볼 팀에서, 그리고 대학 풋볼 팀에서 뛰는 모습을 단 한 번도 보지 못했다. 암에 걸려 몸이 아프기 전까지 아버지는 어머니와 형제들과 내가 필요한 것들을 모두 누릴 수 있도록 해주기 위해서 동시에 여러 일자리에서 일을 했다. 회사의 소유주로서 나는 인생의 소중한 순간을 절대 놓치지 않을 기회를 확보했다고 믿는다.

시간의 순가치란 돈으로는 살 수 없는 경험의 순간을 직접 누릴 수 있다는 것을 의미한다. 내 미래의 아내는 내가 항상 그녀를 위해서 시간을 낸다고 말할 것이다. 내 미래의 딸은 아빠와의 데이트를 즐길 것이다. 미래의 아들과는 함께 이발소에 다니고 인생에 대해서, 남자다움에 대해서, 책임감에 대해서 이야기를 나눌 것이다. 나는 인생에서 이런 순간이 오기만을 기다리고 있다. 지난날 내게 이런 순간들은 너무나 짧게 스쳐 지나가 버렸기 때문이다.

내 회사의 두 번째 역할은 내가 섬기는 지도자가 될 기회를 준다는 것이다. 어떤 사람의 성격을 판단하고 싶을 때는 그의 말을 듣지 말고 그가 하는 행동을 보아야 한다. 이 사업을 통해 나는 '행동'하는 기회를 마련했다. 나는 사람들에게 무언가에 헌신한다는 것이 어떤 의미인지 보여줄 수 있다. 사람들에게 자기 자산을 어떻게 관리해야 하는지 가르쳐줄 수 있다. 천부의 재능과 소명을 받아들일 수 있도록 사람들에게 동기 부여를 해줄 수 있다. 나의 이런 행동을 통해 사람들이 성공하여 살아가는 모습을 지켜보는 일이야말로 가장 이자율이 높은 수익이다.

마지막으로 내 회사를 통해 나는 유산을 만들어낼 수 있다. 당신이 방에 없을 때 사람들이 당신에 대해서 무엇이라고 말하는가? 당신이 세상을 떠났을 때 당신에 대해 무슨 말을 하게 될 것인가? 노던 캘리포니아의 라이베리아 이민자 사회에서는 우리 아버지를 "대부"라고 불렀다. 아버지는 내전이 한창인 고향에서 45명이 넘는 난민을 구출했고, 희생을 무릅쓰고 그들의 자식을 마치 자신의 자식인 것처럼 부양했다. 나에게는 수많은 형제와 자매가 있다. 이들은 생물학적으로는 나와는 전혀 연관되어 있지 않지만 우리의 유대감은 그 어떤 일로도 쉽사리 꺾이지 않는다. 내 회사를 통해서, 그리고 이타적이고 용기 있는 작은 행동을 통해서 나는 숫자로만은 계산될 수 없는 유산을 창조한다.

이런 이유 때문에 나는 비슷한 영향력을 발휘하게 될 사업들에 내 돈을 지속적으로 투자하고 있다. 가장 최근에 투자한 회사는 간타Ganta 부동산 회사이다. 이 프로젝트에서 나는 젠트리피케이션 gentrification이 일어나고 있는 동네들을 재개발하고 임대료와 수요가 높아진 탓에 여기에서 내쫓길 수밖에 없는 처지에 몰린 이들을 위해 적당한 가격의 주거지를 제공할 계획을 세우고 있다. 간타라는 이름은 라이베리아 북동부의 있는 도시 이름을 따서 지었다. 이 도시 근처에 바로 아버지가 태어난 고향이 있다. 그 지역에 거주하는 지오족과 마노족은 극히 진취적이고 솜씨가 뛰어난 전사들로 알려져 있다. 이 프로젝트를 통해 나와 내 동업자는 스스로 자신을 지킬 수 없는 사람들을 보호하고 그들을 위해 봉사하는 임무를 수행한다.

좀 더 전통적인 방식의 투자에 대해 말하자면 나는 세금 대책의 일환으로 그리고 은퇴 자금 마련을 위해 SEP 개인은퇴 계좌를 가지고 있다. 나는 이 계좌의 포트폴리오를 우리 고객의 투자 포트폴리오와 동일하게 맞춘다. 이 불안정한 시장 상황에서 나를 신뢰해주는 사람에게 내가 그와 똑같이 투자를 하고 있다고 말할 수 있다는 것에 큰 힘이 있다고 믿는다. 이를 통해 한층 깊은 단계의 신뢰 관계를 형성할 수 있다. 이 계좌의 약 25%는 개별 주식에 투자되어 있다. 내가 추구하는 가치와 일치하는 회사나 혹은 근본적인 분석을 통해 내가 시간의 시험을 버틸 수 있다고 판단한 회사의 주식이다.

투기적 성격의 주식도 있고 공격적 성격의 주식도 있지만 많은 부분은 배당금을 지불하는 이미 가치가 증명된 회사의 주식이다. 나는 개별 주식을 좋아한다. 특별한 수익이 발생하는 곳이 있다면 그곳은 바로 개별 주식이라고 생각하기 때문이다. 다만 그러기 위해서는 우리가 시장에 필연적으로 수반될 수밖에 없는 주가 변동성을 견뎌낼 수 있다는 가정이 필요하다.

투자액의 더 많은 부분은 상장지수 펀드들로 이루어져 있다. 나는 이 부분을 내 '핵심 포트폴리오'라고 부른다. 나는 이 집중적으로 구성된 펀드들에 규칙적으로 돈을 납입하고 있으며 1년에 평균 두 차례 정도 펀드를 재정비한다. 이 밖에 나는 과세 대상 계좌를 하나

가지고 있으며 수입이 많아지면 좀 더 많이 투자하길 바라고 있는 신탁 계좌를 하나 가지고 있다. 다행히 내 수입은 내가 사업을 시작한 이래 매년 착실히 늘고 있다.

대규모의 회사에서 일을 했었기 때문에 나는 전통적인 방식의 투자만이 유일한 투자 방법이라는 생각에 길들여져 있었다. 하지만 지식과 고객의 폭을 확장해나가는 동안 꼭 그렇지만은 않다는 사실을 깨닫기 시작했다. 내 자산의 대부분은 내가 가치 있다고 여기는 것에 투자하고 있다. 또한 나는 사람에게 투자한다. 나처럼 자력으로 사업을 꾸려나가거나, 창의적인 활동을 하거나, 아니면 단지 자신의 여정을 계속해서 나아가고 있는 사람을 볼 때마다 나는 시간을 들여 내가 어떻게 그들을 도울 수 있을지를 고민한다.

돕는 방법은 그들이 만드는 책이나 음악, 혹은 공연의 표를 사는 일이 될 수도 있다. 나는 성공은 지문을 남긴다고 믿는다. 그리고 초반의 투자자가 없었다면 오늘날 내가 계속해서 사업을 운영하고 있지 못했을 것이라고 생각한다. 아무리 사소한 방식이더라도 사람에게 투자함으로써 우리는 가장 큰 알파 이득을 낼 수 있다.

종합하여 정리하자면 내 투자 철학은 절제력 있는 사람 중심 전략이라고 요약할 수 있다. 그리고 이 전략은 내가 추구하는 기업가 정신의 연장선상에 있다. 나는 이런 방식의 투자를 통해 열매를 맺게 될 씨앗을 뿌릴 수 있을 뿐만 아니라 그 과정에서 이 세상을 바꿀 수 있다고 믿는다. 중요한 것은 사랑과 믿음, 기쁨, 건강, 그리고 지역 공동체의 유대감이다.

나는 투자자들이 마음을 좀 더 넓게 가지고 세상을 좀 더 좋게 변화시킬 수 있는 중개자가 되기를 바란다. 힘을 합친다면 우리는 할 수 있다.

How I Invest My Money

니나 오닐

Nina O'Neal

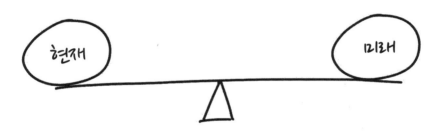

니나 오닐Nina O'Neal은 2004년부터 재무 서비스 전문가로 활약해온 이 업계의 고참이다. 현재 니나는 아처 투자관리 회사Archer Investment Management의 공동 경영자이자 투자 부문 상담사로 일하고 있다. 니나는 〈투자 소식〉에서 선정한 40세 미만의 40명의 재무 전문가 명단에 이름을 올렸고 〈인베스토피디아Investopedia〉가 선정한 가장 영향력 있는 재무 상담사 100명에 뽑혔다. 니나는 이 분야의 지도자로서 전국적으로 명성을 얻고 있으며 재무 업계의 화제와 유행에 대한 해설자로서 각종 매체와 프로그램에서 토론자와 강연자, 저자로 활약 중이다. 한편 재무 서비스에 대한 팟캐스트 초대 손님으로도 이름을 높이고 있다. 니나는 〈투자 소식〉, CNBC, 〈US 뉴스 & 월드리포트US News & World Report〉, 〈워싱턴 포스트The Washington Post〉, 〈온월스트리트OnWallStreet〉, 〈인베스터즈 비지니스 데일리Investor's Business Daily〉, 〈더 스트리트The Street〉 등의 매체 프로그램에 글을 쓰거나 해설가로 출연했다. 또한 〈투자 소식〉에서 제작한 영상 시리즈인 〈이 마술은 진짜입니다The Juggle is Real〉를 진행하기도 했다. 이 시리즈에서 니나는 일을 하는 부모로서 겪는 도전을 함께 공유했다. 니나는 노스캐롤라이나대학교 채플힐을 졸업했다. 어린 두 아들이 야구를 하는 모습을 지켜보는 일과 새로운 식당을 찾아가는 일, 여행, 그리고 독서를 좋아한다.

재정적
안정의 닻

나는 항상 돈과는 애증의 관계를 유지했다. 노스캐롤라이나에서 어린 시절을 보내는 동안 돈은 항상 스트레스를 주는 존재라고 생각했던 기억이 난다. 특히 내가 초등학교를 졸업할 무렵 우리 부모님이 이혼한 이후로 더욱 그랬다. 나는 가족 대부분이 자영업을 운영하는 세계에서 자랐고 그 세계에서 현금 흐름 문제란 결코 낯설지 않은 개념이었다. 내 어린 시절은 '돈이 있는 상태'와 '돈이 없는 상태'가 끝도 없이 반복적으로 이어지는 롤러코스터였던 것으로 보인다. 재정 안정성이란 개념은 우리 집으로 오는 길을 찾지 못한 것 같았다.

나는 고등학생이 되었을 무렵 용돈을 벌기 위해 여러 곳에서 일을 했다. 이는 자유를 의미했다. 돈을 번다는 것은 내가 내 삶을 위해 원하는 물건을 살 수 있고, 내가 원하는 경험을 할 수 있다는 뜻이었다. 십대 무렵 이미 나는 어느 누구에게도 경제적으로 의지하지 않겠다고 맹세했다. 나는 열심히 공부해서 제대로 된 직장에서 일을 하겠다고 다짐했다. 내가 꿈꾸어 온 삶을 살아가고 싶었기 때문에, 그리고 언젠가 내 가족이 꿈꾸는 삶을 살 수 있도록 만들고 싶었기 때문이었다.

우리 집의 재정 상태가 불안정했음에도 불구하고 나는 여전히 주식시장이 매혹적이라고 생각했다. 나는 자주 할아버지와 나란히 앉아 지역 신문의 주식 면을 훑어보았다. 그리고 인터넷이 등장하고 온라인으로 증권 거래가 가능해지면서 나는 심지어 할아버지를 도와, 그리고 내가 아르바이트를 하고 있던 지역 회사의 사장님을 도와 E트레이드E*Trade 계좌로 주식을 거래하기도 했다. 이때 내가 회사에 대해 조사한 정보들이 주식을 선택하는 데 도움이 되었다.

나는 야후의 모의 주식 계좌에서 포트폴리오를 만들었고 내 투자 목록에 오른 회사를 계속 살펴보면서 내 투자가 제대로 성과를 올리고 있는지 확인했다. 그렇게 주식을 거래하는 일은 실제의 돈이 오가는 일상의 생활과는 전혀 동떨어진 세계의 일인 것처럼 보였다. 십대 당시 주식 거래는 그저 재미있는 게임이었을 뿐이었다. 그러나 불과 몇 년 만에 그런 생각이 얼마나 급격하게 바뀌게 될지, 그때는 잘 알지 못했다.

대학을 졸업한 후 나는 뉴욕으로 이사했다. 고등학교를 다닐 때 뉴욕으로 견학 여행을 온 이후로 나는 이곳에서 살게 되기를 꿈꾸었다. 내가 대학에 다닐 무렵 9·11 테러가 일어났다. 뉴욕 시민들이 그 힘겨운 사건을 겪으며, 그리고 그 후로도 계속해서 마음을 하나로 뭉치는 모습을 보고 나는 감동했다. 나도 이 도시의 일부가 되고 싶었다.

젊고 순진했을 나이에 나는 뉴욕으로 이사를 왔고, 패션 업계에서 홍보 업무를 하는 말단 직원으로 일을 시작했다. 2003년의 일이었고 내 연봉은 3만 3,000달러였다. 그리고 나는 맨해튼에 살고 있었다. 세금을 떼고 난 봉급의 절반이 방세로 날아갔다. 비싼 물가에도 불구하고 나는 여전히 뉴욕을 사랑했다. 불행하게도 그다음 일년 반 동안 신용카드 빚이 점점 늘어만 갔다. 도시에서 살아가는 생활비의 예산을 짜고 지출을 감당하는 일이 점점 버거워졌다.

나는 인생의 황금기를 보내는 스물두 살이었기 때문에 빚은 나중에 어떻게 해서든 감당할 수 있을 것이라고 쉽사리 생각했다. 누군가 사교적인 목적으로 무언가를 하자고 나에게 물을 때마다 내 대답은 언제나 "그래!"였다. 나는 영원히 맨해튼에 살 수는 없을 것이라는 사실을 잘 알고 있었기 때문에 여기에 있는 동안 이 모든 것을 한껏 누리고 싶었다. 불행히도 나는 값비싼 대가를 치러야 했다.

그 후 나는 재무 업계에서 일하는 친구의 제안에 따라 월 스트리트로 직종을 전환했다. 내 주위에는 재무 서비스 분야에서 일하는 친구들이 많았다. 그들이 하는 일은 물론 월 스트리트의 모든 선수들이 서로 교류하는 모습에 나는 진심으로 매력을 느꼈다. 나는 친구들이 하는 일에 대해 끊임없이 질문을 던졌고 마침내 그 업계에 나를 위한 자리가 있을지 알아보기 위해 헤드헌터를 만나보기로 했다. 나는 한 기관 자산관리회사에서 제안하는 일자리를 기쁜 마음으로 받아들였다. 이 회사에서 나는 기업 재무, 절제된 투자, 고객과의 관계의 중요성 같은 많은 것들을 배웠다. 모두 값진 수업이었다.

회사에서 여러 가지를 배운 끝에 나는 나의 재정 상태를 돌아보기 시작했다. 그때는 돈을 더 많이 벌게 되었을 뿐만 아니라 개인 자산관리의 기본 원칙에 대해 한층 잘 이해하게 되었기 때문이다. 저축이 점점 불어나고, 빚이 줄어드는 모습을 지켜보는 일은 즐거웠다.

나는 401(k) 계좌에 있는 돈을 투자하는 한편 현금 흐름을 한층 더 잘 관리할 수 있게 되었다. 이 회사에서 짧은 기간 동안 일을 한 끝에 나는 고향으로 돌아와 메릴린치에서 재무 상담사로 일을 시작했다. 그때 나는 나에게 사람들이 재무 개념에 대해 이해할 수 있도록, 개인 재무 설계를 할 수 있도록 돕고 싶은 열정이 있다는 사실을 깨달았다. 그 열정은 지금도 변함없다.

인생은 경험들의 총합이며, 노스캐롤라이나에서 뉴욕으로 갔다가 다시 이곳에 돌아온 경험은 내가 내 자산을 어떻게 관리하는지에 큰 영향을 미쳤다. 나는 주식시장을 일상적 재무와 전혀 상관없는, 그저 재미있는 게임이라고 생각하지 않게 되었다. 지금 나는 주식시장을 장기적인 재무 목표를 달성하기 위해 이용할 수 있는 뛰어난 도구라고 생각한다. 이 도구를 사용하기 위해서는 주의 깊은 관리뿐만 아니라 투자에 대한 고도의 질서정연한 접근 방식이 필요하다. 재무 상담사로서 나는 우리 가정의 재무를 관리하는 데 있어 전문적 훈련과 개인적 경험 두 가지 모두에서 이득을 취할 수 있었다.

내가 어떻게 가정을 꾸리고 지금 하는 일을 하게 되었는지 조금 더 이야기를 해보겠다. 금융 위기가 닥쳤을 무렵 메릴린치에서는 내가 받고 있던 훈련 프로그램을 중단했다. 그 무렵에는 상담사로서 내 경력은 이제 끝이 난 것처럼 보였다. 하지만 지금 와서 생각해 보면 그것은 내게 있어 다음에 어디로 발을 내딛어야 하는지 주의 깊게 고민하고 결정할 수 있는 기회였다.

게다가 이제 막 결혼한 신혼부부에게 실직은 가치 있는 재무 수업이 되어 주었다. 이 시기에 나는 현재 공동경영자로 일하고 있는 상대와 우연히 만나게 되었다. 그리고 내 인생을 바꾸어 놓게 될 대화를 나누었다. 그는 나에게 재무 설계와 투자에 대한 열정을 잃지 말라고 격려해주었고 자신의 공동경영자로서 함께 일을 해 달라고 제안해주었다. 그리고 현재 우리는 작은 규모의 재무 설계 및 투자 관리 회사를 함께 운영하면서 전국적으로 수백 명에 이르는 고객을 돕고 있다.

내 남편 또한 사업가로서 크리에이티브 디렉션, 미술품, 일러스트레이션, 포장 디자인, 브랜드 디자인을 다루는 예술 분야 에이전시를 운영하고 있다. 예술 분야에서 일을 하는 대부분의 사람들과 마찬가지로 남편의 수익은 매년마다 들쭉날쭉하다. 우리 부부는 다섯 살과 여덟 살인 형제를 키우고 있다. 아이를 키우는 데는 정말로 돈이 많이 든다.

그런 이유로 30대 후반에 이른 지금 내 주요 관심사는 현금 흐름, 세금, 학자금 저축, 사립학교 학비, 은퇴 저축이다. 이 중 세금과 학비는 정기적으로 목돈이 나가는 항목이다. 나는 은행 지주 회사인 캐피털 원Capital One 360에 여러 개의 계좌를 가지고 있으며 각 계좌마다 그 나름의 목적에 맞추어 세금, 학비, 일반 저축 등의 이름을 붙여 놓았다. 매달마다 나는 특별한 목적을 위해 목돈이 필요한 계좌에 그때그때 넣을 수 있을 만큼의 돈을 넣어 놓는다. 충분하고도 남을 만큼 많이 넣는 달도 있고 부족하게 넣는 달도 있다. 그 계좌에 넣어 두는 액수는 그때그때 우리가 버는 수입에 따라, 그달에 필요한 현금에 따라 달라진다. 나는 시각적 정보를 선호하는 사람이기 때문에 우리가 가진 돈을 이렇게 계좌별로 나누어 보는 일은 돈 전체의 흐름을 파악하는 데 크게 도움이 된다.

남편과 나는 아이들이 어릴 때부터 사립학교에 보내는 투자를 하기로 결정했다. 이 결정은 양날의 칼로 논란이 될 수 있을 만한 주제이다. 나는 이 결정이 아주 개인적인 것이며 각각의 사람들이 어떤 결정을 내리는지는 각각의 사정에 따라 달라질 것이라고 말하고 싶다. 큰 아들에 대한 사정을 군이 자세하게 털어놓지 않고 말하자면 우리는 이미 아이가 어릴 때부터 좀 더 작은 교실을 비롯하여 그 밖의 사립학교가 제공하는 환경에서 더 잘 배울 수 있을 것이라고 판단했다. 물론 두 아이를 사립학교에 보낸다는 것은 부모에게 어마어마한 재무적 책임을 안겨준다. 하지만 이것은 지금까지 우리가 한 가장 훌륭한 투자였다. 아이들의 교육과 전반적인 발달 면에서 막대하고 뚜렷한 이득을 가져다주었기 때문이다. 앞으로도 계속 이 길을 따라 가게 될 것인지에 대해서는 해마다 의논하여 결정할 작정이다.

매년 필요한 목돈을 제외하고 우리는 미래의 재정적 필요를 충족하기 위해 또한 중기저축상품, 퇴직연금 계좌, 학자금 계좌에 돈을 저축하고 있다. 이 계좌들의 돈은 전부 시장에 투자하고 있다. 우리는 우리의 공동당좌예금 계좌에서 공동증권 계좌로 매달마다 돈이 자동 이체되도록 설정해두었다. 그리고 현금 지출을 하고 남는 돈의 일부 또한 공동증권 계좌에 넣어 투자하기도 한다. 다시 말해 세금이나 학비를 비롯하여 여러 가지 큰 지출을 해결한 후에 현금이 남는다면 이 돈을 공동증권 계좌에 넣을 것인지 결정한다.

재무 상담사마다 돈을 어떻게 투자하는지에 대해 각기 다른 철학을 가지고 있다. 나는 내 계좌를 직접 관리하거나 주식을 직접 구매하지 않는 편을 선호한다. 그러므로 나는 제3자의 재무관리자들이 내 증권 계좌를 그들 각자의 전략에 따라 관리하도록 맡겨둔다. 나는 상당히 공격적 성향의 투자를 하는 편이며 매달마다 지속적으로 돈을 넣는 매입원가평균 투자 방식의 이득을 챙기는 것을 좋아한다. 나는 뮤추얼펀드와 상장지수 펀드에 투자하는 것을 선호한다.

아이들이 태어났을 때 나는 당장 존 핸콕 투자회사John Hancock Investment Management에서 두 아이의 529 학자금 계좌를 만들었다. 나는 이 계좌들에 매달 자동 이체로 돈이 들어가도록 설정해두었으며, 종종 조부모님들이 주는 돈도 이 계좌에 넣어둔다. 아이들이 아직 어리기 때문에 나는 이 계좌 안의 돈이 공격적 성장의 뮤추얼펀드에 투자되도록 선택했다.

나는 매입원가 평균법과 시장에 투자된 시간, 과세 유예 성장의 이점들이 결합되어 대학 학자금을 마련하는 데 크게 도움이 될 것이라고 생각한다. 혹시 돈이 부족하다면 아이들의 대학 학비는 우리의 수입, 장학금, 혹은 학자금 대출을 통해 마련할 수 있을 것이다. 현재 아이들의 학자금 계좌에 쌓이게 될 돈을 대략 계산해보면 4년제 주립 대학교에 보낼 수 있을 정도이다.

작은 회사를 운영하는 사업가로서 은퇴 자금을 모으는 일은 쉽지 않다. 여러 가지 선택지가 있지만 미국 국세청은 우리가 만들 수 있는 계좌의 종류에 수없이 많은 제한 조건을 두고 있으며 납입할 수 있는 돈의 액수도 최대한도를 설정해 놓고 있다. 나는 SEP 개인은퇴 계좌와 SIMPLE 개인은퇴 계좌(Saving Inventive Match Plan for Employees IRA, 개인은퇴 계좌이지만 직장의 고용주가 제공하는 퇴직연금 계좌이다. 작은 규모의 회사나 자영업자가 활용할 수 있으며 401(k) 제도보다 단순하고 제약이 적다. 401(k) 제도와 마찬가지로 직원이 납입하는 금액의 일부를 회사가 부담하기도 한다. - 옮긴이)를 가지고 있다.

현재 우리 회사에서는 퇴직 연금을 위해 SIMPLE 개인은퇴 계좌를 제공하고 있으며 나는 월급이 나올 때마다 이 계좌로 돈을 이체한다. 이 개인은퇴 계좌들 또한 재무관리자들의 관리를 받고 있으며 주식형 뮤추얼펀드와 상장지수 펀드에 투자되어 있다.

나의 가장 많은 돈이 투자되어 있는 곳은 바로 내가 공동경영하고 있는 회사이다. 지난 11년 동안 공동경영자와 나는 우리의 재무 설계 및 투자 관리 회사에 기술과 인력 보급, 사무실 공간, 지속적인 교육 제공, 그 밖의 여러 가지 방면으로 재투자해 왔다. 우리는 회사가 빚을 지지 않도록 노력했고 현금 흐름을 흑자로 만들기 위해 노력하는 한편 고객들에게 우리가 할 수 있는 가장 최고의 서비스와 경험을 제공하기 위해 노력했다. 회사를 시작한 초기에는 우리의 수입을 깎아야 했던 탓에 힘겨운 일이었다. 하지만 투자할 가치가 있었다. 그 투자에 대한 수익은 지금도 계속해서 돌아오고 있다. 회사가 기존 고객을 유지하고 새로운 고객을 확보하면서 계속해서 수익을 올려주고 있기 때문이다.

회사에 대한 투자 중 가장 큰 수익은 나의 행복이다. 그리고 회사의 계획이나 판매 목표를 따지지 않고 내가 하는 일을 사랑할 수 있는 여유이다. 내 회사는 고객에 가장 큰 초점을 맞추고 있다. 몇 년 동안에 걸쳐 우리는 고객들과 멋진 관계를 형성하기 위해 열심히 노력했다. 고객들과 함께 일을 하는 것은 해가 지날수록 한층 더 즐거워진다.

내 재무 목표는 높은 수입이나 원대한 꿈에 토대를 두고 있지 않다. 내 목표는 재정적 안정과 충족된 인생을 사는 일에 닻을 내리고 있다. 그 말은 곧, 여행을 하고 새로운 곳을 경험하는 것처럼 좋아하는 일을 할 수 있다는 뜻이다. 또한 좋은 집에서 편안하게 살아갈 수 있으며 아이들의 교육을 위해 학비를 낼 수 있고, 미래를 위해 저축할 수 있다는 뜻이다. 우리가 이 세상에서 사랑하는 것들과 얼마나 오래 함께 할 수 있을지 아무도 알지 못한다. 짧을 수도 있고 길 수도 있지만 우리는 현재와 미래의 균형을 맞추어 어느 곳에서든 잘 살 수 있도록 준비를 해야만 한다.

데비 프리먼
Debbie Freeman

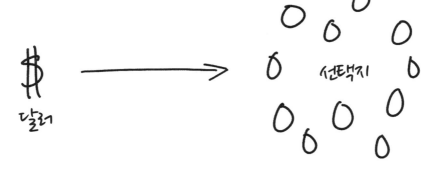

데비 프리먼Debbie Freeman은 콜로라도주, 덴버에 있는 피크 재무상담 회사의 사장이자 이사이다. 데비는 2005년 이 회사에 들어와 재무 설계사와 세무 상담사로 일을 하기 시작했다. 이곳에 들어오기 전에 데비는 딜로이트Deloitte 세무 자문 회사의 덴버 지부 사무소에서 회계사로 근무했다. 그녀는 배우자의 죽음이나 이혼 같은 중대한 인생의 전환기를 겪고 있는 고객을 돕는 일에 특히 열정을 지니고 있다.

2005년 회계학 석사를 취득하고 미줄라에 있는 몬태나대학교에서 회계 부문 경영과학 학사를 취득했다. 공인 회계사이며, 공인 재무 설계사이자 이혼 재무 분석사이다. 일을 하고 있지 않을 때는 예쁜 두 딸에게 집중하고 그때그때 마음이 끌리는 프로젝트에 관심을 쏟으며 지낸다. 콜로라도 재무설계협회의 회장으로 활약하고 있으며 트레비스 매니언 재단Travis Manion Foundation이 처음 콜로라도에 지부를 여는 일을 돕기도 했다. 또한 퇴역 군인 문제와 자살 예방 문제에도 관심이 많다.

빚을 두려워하지
말아야 한다

나는 월 스트리트에서 3,275km 떨어진 곳에서 자랐다. 부모님은
주식을 소유하고 있지 않은 미국인 45%에 포함되는 사람들이었다.
부모님이 힘들게 고생하면서 희생하는 모습을 지켜보는 일은 항상
쉽지만은 않았다. 하지만 그 모습을 지켜보는 동안 나는 선택할 수
있는 능력을 키우고 싶다는 결코 변하지 않는 욕망을 품게 되었다.
나는 오늘날의 걱정거리에 파묻혀 옴짝달싹 못하는 지경에서 미래
를 위해 계획을 세우기란 거의 불가능하다는 사실을 일찍부터 깨달
았다. 이 교훈은 궁극적으로 내가 돈과 맺는 관계의 기반이 되었으
며 내가 어떻게 투자하는지에 큰 영향을 미쳤다.

나는 현명하게 사용할 수 있을 때 빚을 지는 일을 결코 두려워하
지 않았다. 고등학교 무렵 나는 내 첫 번째 차를 사기 위해 지역 은
행에서 5,500달러를 빌렸다. 그리고 학자금 대출을 통해 대학교 학

비를 마련했다. 나는 차가 있었고 대학 입학 통지서와 학비를 댈 수단이 있었다. 내가 빚을 지는 과정에서 전혀 실수를 하지 않았다는 말은 아니다. 하지만 나는 확실히 빨리 배웠다.

나는 지금도 대출을 책임감 있게 이용하고 있다. 집을 살 때 대출을 받았고 지금도 학자금 대출을 갚아 나가고 있는 중이다. 학자금 대출의 이자가 1.74%밖에 되지 않기 때문에 나는 이를 서둘러 갚을 마음이 전혀 없다. 나는 내가 받은 교육을 나 자신에게 한 가장 훌륭한 투자라고 여긴다. 이 결정의 투자자본수익률은 숫자로는 계산할 수 없을 만큼 높다. 주택 담보 대출의 이자율은 3.375%이지만 세금을 빼고 계산하면 훨씬 더 낮다. 매달 갚는 융자금은 내가 집을 빌렸을 경우 월세로 냈을 액수보다 적다. 그리고 나는 13년 동안 급속히 발전하고 있는 덴버의 부동산 시장에 일조하고 있다.

나는 우리 집에 대한 투자를 세상에서 멀리 떨어져 신성한 가족의 시간을 보낼 수 있는 곳이자 나만의 피난처를 누리기 위한 투자라고 생각한다. 재정적 기회가 눈앞에 나타났을 때 그 기회를 나에게 유리한 방향으로 이용하는 일은, 이 경우에는 주택 구입과 교육비 지불을 위한 낮은 이자율의 대출이었는데, 내가 재정적 독립을 확보할 수 있는 핵심 토대가 되어 주었다.

나는 로스 IRA 계좌를 가지고 있으며 이 계좌의 돈을 개별 주식에 투자하고 있다. 주로 일상생활에서 내가 이용하는 회사, 내가 이해할 수 있는 회사에 투자한다. 나는 인구 통계에서 세력 있는 집단에 속해 있다. 바로 일하는 엄마이다. 일하는 엄마들은 시장에 나와 있는 상품 가운데 가장 오래 사용할 수 있고 가장 효과적인 상품을 찾아내는 데 솜씨가 있다. 내가 이 계좌에 개별 주식을 보유하기로 결정한 이유는 앞으로의 성장으로 얻게 될 수익에 세금을 내지 않아도 되기 때문이다. 자산 배분은 우리가 사용하고 통제할 수 있는 도구 중 하나이다.

나는 고등학교 때 처음으로 주식을 고르는 경험을 했다. 나는 주말 아침마다 카페에서 일하는 열다섯 살짜리 종업원이었다. 나는 그 일을 좋아했다. 아침 식사를 할 무렵 사람들이 가장 상냥하기 때문이다. 단골손님 중에는 로이라는 사람이 있었는데, 매주 주말마다 신문을 손에 들고 카페를 찾았다.

로이는 자신이 몬태나주에서 보낸 어린 시절에 대해서, 그리고 어떻게 고향을 떠난 후 캘리포니아에 자리를 잡고 그곳에서 세계를 보게 되었는지에 대해서 이야기를 해주었다. 로이는 내가 이곳 마을에서 할 수 있는 경험보다 더 많은 경험을 하고 싶어 한다는 사실을 알아보았다. 주말마다 로이는 나에게 신문에서 주식 한 종목을 고르게 했다. 나는 주중에 주식 시세를 찾아봐야 했고 회사들에 대해 조사를 해야만 했다. 그리고 주말에 로이에게 어떤 종목을 골랐는지 보고하고 주식 가격을 다시 한 번 확인했다.

로이는 내가 무슨 주식을 선택하는지 보는 일을 좋아했다. 나는 이게 그저 재미있는 게임이라고 생각했지만 로이는 실제로 내가 재무 분야에 대해 관심을 가질 수 있도록 계기를 만들어주었다. 나는 재무 설계사로서 직업을 선택하게 된 데는 로이의 공이 크다고 생각한다. 나는 석사 학위를 딴 후 로이에게 편지를 써서 감사한 마음을 전했다. 그리고 로스 IRA에서 새로 주식을 사들일 때마다 로이를 떠올린다.

나는 SIMPLE IRA를 가지고 있다. 이 계좌에 들어 있는 돈은 우리 회사가 고객을 위해 만든 투자 모델에 따라 투자되어 있다. 이 원칙은 우리 회사 문화에 깊이 뿌리내리고 있다. 나 또한 내 돈을 관리하는 사람이 적어도 그 자신이 소유한 돈의 일부를 내 돈과 똑같은 방식으로 투자하지 않는 이상 그 사람에게 돈을 맡기지 않을 것이다.

나는 매달 이 계좌에 일정 금액의 돈을 납입하며 회사에서는 다시 그 금액에 맞추어 이 계좌에 돈을 넣어준다. 이 계좌는 상장지수 펀드와 뮤추얼펀드에 투자되어 있다. 그리고 우리 회사는 적극적으로 펀드를 조정하여 배치한다.

나는 시장 상황과는 관계없이 매달 계속해서 투자한다. 나는 어린 나이부터 일찍 투자를 시작했고, 복리를 나에게 유리한 방향으로 활용했기 때문에 이에 대한 보상을 받게 되리라는 사실을 알고 있다.

내 SIMPLE IRA 계좌의 투자는 저녁 식사 자리에서 굳이 화제로 꺼낼 만큼 매력이 있지도, 재미가 있지도 않다. 하지만 나는 이 계좌에서 미래를 위한 저축의 개념을 넘어, 보이지 않는 이득을 얻는다. 나는 회사의 퇴직연금 제도를 이용할 수 있는 특권을 누리고 있으며 매달마다 일정 금액의 돈을 은퇴 자금을 위해 저축할 수 있는 여유가 있다는 사실에 감사한다. 나는 우리 부모님이 은퇴를 위해 조금이라도 저축할 수 있는 여유가 있었다면 어떤 기분이었을지 궁금하다. 혹은 고용주와 직원이 같은 비율로 적립하는 퇴직연금 제도가 있는 직장에서 일을 했었다면 어땠을까? 이 재미없는 계좌는 나에게 매달마다 돈을 저축하는 계좌 이상의 큰 의미를 지닌다. 이 계좌는 내게 내일의 선택지를 담보해 주는 존재이며 현재 행복한 기분과 감사하는 마음을 누리게 해주는 존재이다.

내 저축에서 가장 큰 부분은 (내 급여의 10% 정도이다) 온라인 적립 계좌로 들어간다. 이 계좌의 돈은 연례적으로 회사에서 제공하는 스톡옵션 구매에 사용된다. 이렇게 매달마다 돈을 꼬박꼬박 저축하는 일이 힘들 때도 있다. 나는 이혼한 후 혼자 힘으로 아이들을 키우는 엄마이며 어떻게든 나와 내 딸들을 위해 생활을 꾸려 나가려고 노력하고 있다. 그렇기 때문에 세금을 낸 후의 급여에서 이만큼의 돈을 계속 떼어 놓는 일이 힘겹게 느껴질 때도 있다.

나는 매년 주식을 구매하기 위해 수표를 쓸 때마다 자부심을 느낀다. 이는 나를 위한 투자이면서 고객의 성공을 위한 투자이기도 하다. 주식 매입에 사용하는 모든 돈은 내 딸들에게 여자도 재무관리를 잘할 수 있으며 그 안에서 성공할 수 있다는 사실을 보여주는 증거이다.

나 자신에게 한 가장 훌륭한 투자는 고등교육이었다는 사실을 잘 알고 있었기 때문에 나는 딸들이 갓난아기였을 무렵 529 계좌를 열었다. 이 계좌는 뱅가드에서 관리하고 있으며 나는 매달마다 일정 금액을 계좌에 넣는다. 이 계좌를 통해 두 딸의 고등교육 비용을 전부 감당할 수 있을 만큼 돈을 충분히 모을 가능성은 낮지만 나는 이것만으로도 만족하고 있다.

개인적으로 나는 딸들이 자신의 교육비를 일부분이라도 스스로 부담하는 것이 옳다고 생각한다. 만약 내 재정 상태가 크게 변화할지라도 나는 여전히 아이들이 어느 정도 위험 부담을 스스로 지면서 대학 진학을 생각하기를 바랄 것이다.

내 저축과 투자 습관의 마지막 요소는 내가 가장 좋아하는 부분이다. 나는 매달마다 온라인 적립 계좌에 돈을 넣는다. 오직 내가 마흔 살이 되었을 때 그동안 꿈꾸었던 휴가를 떠나기 위한 목적으로만 모으고 있는 돈이다. 나도 당신과 다르지 않다. 우리가 열망하는 인생을 살아가기 위한 큰 설계에는 절제와 계획이 필요하다. 하지만 수많은 사람들이 이를 실천하기 위해 헌신하지만은 않는다. 나 역시 그렇다.

2014년에 남동생이 자살로 세상을 떠났다. 가까운 이가 이렇게 떠나버리는 것은 겪어 보지 못한 사람은 쉽게 상상할 수조차 없는 경험이다. 그러나 한편으로 이런 일을 겪을 때 우리는 엄청나게 성장하고 진화하기도 한다. 나는 이 일을 겪으며 지금까지 내 인생을 돌아보게 되었다. 나는 대학교에서 열심히 공부했다. 평생에 걸쳐 열심히 일을 해왔고 여자는 결혼해서 아이를 낳는 것이 당연하다고 생각하도록 키워졌기 때문에 결혼해서 아이를 낳았다. 하지만 나는 나를 성장시키기 위해 여행이나 모험을 해본 적이 단 한 번도 없었다. 봄방학을 이용하여 멕시코에 놀러갔다 온 적도 없었고 아이를 낳기 전에 세계 이곳저곳을 여행해 보지도 못했다.

그중에는 돈이 없어 하지 못한 일도 있었지만 정해진 길을 따라가야 한다는 의무감 때문에 하지 못한 일도 많았다. 동생을 잃은 사건으로 나는 인생이 그저 다음번 중요한 이정표를 따라가는 것만이 아니라는 사실을 배웠다. 인생은 그 이정표 사이의 순간들을 즐기는 일이기도 하다. 그래서 나는 지금 내가 하고 싶은 경험을 하기 위해 돈을 모은다. 몬태나에서 가족들과 함께 하는 여름휴가, 내가 마흔 살이 되었을 때의 하와이 여행, 큰 딸이 열여섯 살이 되었을 때의 파리 여행, 두 딸 모두 20대가 되었을 때의 에베레스트 베이스캠프 정복 같은 경험들이다. 열심히 저축을 하는 동시에 이 목표들을 우선순위로 삼지 않는다면 나는 결코 이 목표들을 달성할 수 없을 것이다.

우리는 모두 투자에 대해 다른 지도를 가지고 있다. 나는 항상 삶에 대해 고민하는 것처럼 투자에 대해 고민한다. 자신의 주변 환경을 바꾸고 싶다면 노력해야 할 뿐만 아니라 위험을 감수해야 한다. 재정적 기회가 모습을 나타냈을 때 기꺼이 행동에 나서라. 장기적 목표를 위해 일관성 있게 절제하며 노력하라. 하지만 미래에 너무 집착한 나머지 오늘을 즐겁게 보내는 일을 잊어서는 안 된다. 긍정적인 사고방식을 유지하면서 자신의 직감을 신뢰하라. 마지막으로 선택을 할 수 있다는 행운을 결코 과소평가하지 말라. 선택권을 갖고 있는 것, 그리고 약간의 행운은 재정적 안정을 확보하기 위한 핵심 열쇠이다.

"당신에게는 앞으로 하게 될 모든 일을 하기 위한 오직 한 번의 생애만이 있을 뿐이다. 그에 맞게 행동하라."

– 콜린 라이트Colin Wright

How I Invest

3부

___

돈을 버는 감각을 키우는 법

My Money

셜 페니

Shirl Penney

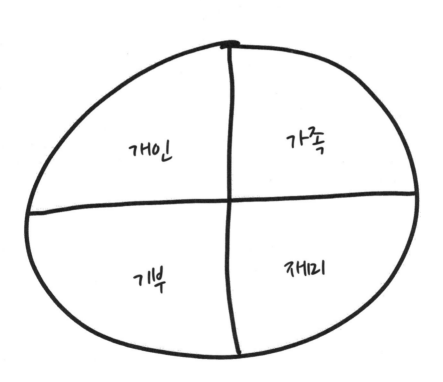

설 페니Shirl Penney는 '다이너스티 파이낸셜 파트너스Dynasty Financial Partners'의 창립자이자 CEO이다. 다이너스티를 만들기 이전에 설은 '시티 스미스 바니Citi Smith Barney'에서 개인 자산관리 부서의 이사, 경영재무서비스 부서의 부서장으로 일을 했다. 설은 재무 업계의 관련 행사에서 자주 강연자로 초청되며, 그의 의견은 여러 다양한 경제 잡지에서 인용된다. 2015년에는 〈투자 소식〉에서 선정한 자산관리 분야의 가장 영향력 있는 40세 이하의 40인 명단에 이름을 올렸다. 또한 2016년 〈투자 소식〉에서 처음으로 선정한 자산관리 분야의 아이콘과 혁신가들 명단에도 이름을 올렸다.

설은 메인주 루이스턴의 베이츠대학교를 졸업하고 아내와 두 딸과 함께 상트페테르부르크와 플로리다를 오가며 살고 있다. 설과 아내는 교육과 빈곤 문제, 루게릭병 문제, 퇴역 군인 지원 같은 자선 활동에 적극적으로 나서고 있다. 설은 재무지도자협회의 초창기 회원이며 아스펜 글로벌 리더십 네트워크Aspen Global Leadership Network의 일원이기도 하다.

투자에 가격표를
붙일 수 없다

불우한 환경에서 자란 내가 마흔세 살의 나이에 어떻게 투자를 하는지 묻는 질문을 받으니 겸허한 마음이 든다. 나는 아주 빈곤한 가정 형편에서 양할아버지의 손에 자랐다. 그리고 열한 살에서 열네 살까지는 집도 없는 떠돌이로 이웃 여러 집에 신세를 지며 살았다.

올해는 내가 다이너스티 파이낸셜 파트너스를 창립한 지 10주년이 되는 해이다. 우리 회사는 고객에게 재무 서비스와 투자 상품을 소개하고, 최고 수준의 독립적인 자산관리자(공인투자상담사)에게 자본을 공급해 주는 중형 회사로 현재 500억 달러에 가까운 자산을 운용하고 있다. 회사를 창립한 후에도 여전히 사업 운영에 적극적으로 참여하는 수많은 다른 사업가들처럼 나 또한 여전히 다이너스티의 사장이자 CEO로 재직하고 있다. 내 순자산의 상당 부분은 회사의 다른 공동경영자들과 주주들의 자산과 함께 회사에 투자되고 있다.

　사업가들에게 흔히 보이는 '한 곳에 모든 것을 쏟아 붓는' 정신이 자산을 좀 더 적극적으로 분산시키는 성향에 비해 위험도가 높다는 것을 나도 잘 알고 있다. 하지만 고맙게도 지금까지 우리 회사에 대한 투자는 아주 순조롭게 수익을 올리고 있다. 하지만 아내와 나는 다른 식의 투자도 하고 있다. 나는 그런 다른 투자들에 대해 설명하면서 회사에 집중적으로 투자된 자산 외에 우리가 자산을 어떻게 배분하고 있는지, 우리가 투자에 전반적으로 어떤 식으로 접근하고 있는지 말하려고 한다.

　우리는 자산을 네 가지 폭넓은 범주로 구분하여 투자한다. 개인 자산(아내와 나를 위한), 가족 자산(두 딸과 조카들을 위한), 자선 자산(교육과 루게릭병, 군인 가족 지원을 위한), 그리고 '재미' 자산(우리가 즐길 수 있는 자산으로 재정적 수익에 얽매이지 않는 자산)이다.

　개인 자산을 먼저 살펴보면 아내와 나는 아직 상당히 젊은 편이고 다행히 둘 다 건강하기 때문에 적극적 성장 지향의 포트폴리오를 가지고 있다. 우리는 중소기업과 국제 기업에 투자하는 인덱스 펀드를 핵심으로 하는, 다각화된 포트폴리오에 투자하고 있다. 그리고 현재 10%는 각각 고정 수입과 현금에 할당되어 있다.

　나는 내가 아는 것, 아는 사람에 투자해야 한다는 원칙을 믿고 있다. 예전에는 그런 신념 때문에 내가 잘 알고 존경하는 사람들이 운영하는 재무 회사의 주식을 구입했다. 하지만 지금은 다이너스티에 우리가 투자한 자산의 규모와 다이너스티가 재무 서비스 회사라는 사실을 고려하여 같은 업계에 있는 다른 회사의 주식을 사는 일을 그만두었다. 이 산업 부문에 지나치게 편중되는 위험을 피하기 위해서이다.

성장 지향으로 투자된 80% 중에서 약 50%는 공공 시장에 투자하고 있고 나머지 30%는 대안 투자에 들어가 있다. 몇 종류의 사모 펀드와 부동산, 그리고 재무 서비스가 아닌 분야에서 내가 신뢰하는 사람들이 운영하는 회사에 대한 직접 투자이다.

가족 자산은 현재 시점에서는 대부분 다이너스티에 들어가 있다. 그리고 여기에 더해 우리 딸들에게 투자 교육을 시켜주기 위한 목적으로 그들에게 직접 고르라고 한 몇몇 개별 주식이 있다. 이 주식은 대부분 열한 살과 열세 살 여자아이들이 갖고 싶어 할 만한 이름의 주식들이다. 우리는 금요일 저녁마다 딸들이 투자에 대한 착상을 발표하는 모습을 지켜보는 일을 좋아한다. 두 딸들에게는 또한 학자금 계좌가 있고 이 계좌는 적극적 투자 관리, 성장 지향, 다각화된 주식형 펀드에 투자되어 있다.

자선 자산은 우리 자산 범주 중에서 가장 보수적으로 투자되고 있는 자산이다. 약 30%는 핵심적으로 미국 주식 인덱스펀드에 투자되어 있고 20%는 높은 배당금의 가치 투자자에, 25%는 과세 대상 고정 수입에, 15%는 국제 뮤추얼펀드에 그리고 10%는 현금으로 가지고 있다. 우리는 연봉의 10%를 이 자산 범주에 넣고 있으며 장래에 다이너스티 주식을 현금화할 수 있는 가능성이 높아지면 더 많은 액수를 넣기로 계획하고 있다. 아내와 나는 좀 더 많이 베풀기 위해 열심히 노력하고 있다.

우리 자산의 마지막 범주는 재미를 위한 것이다. 우리는 이 범주를 H&H라고 부른다. 집House과 말Horse이다! 우리는 개인적인 부지를 마련하여 그곳에서 가족과 친구와 함께 시간을 보낸다. 그리고 순혈종 경주마들이 있는 마구간을 가지고 있다. 우리는 그 말을 다양한 친구들과 짝지어 준다. 집과 말 모두 재정 수익을 올릴 수 있는 가능성을 가진 투자 대상이며 지난 몇 년 동안 우리는 이 두 가지 부문에서 모두 운이 좋았다. 하지만 이 범주에 속한 자산의 주요 목적은 재정 수익을 올리는 것이 아니다.

우리는 성공은 나눌 때 가장 기분이 좋다고 믿는다. 집에 손님을 초대하거나 혹은 우승마 표창식을 열 때, 이런 '투자'에 가격표를 붙일 수는 없을 것이다.

테드 세이즈

Ted Seides

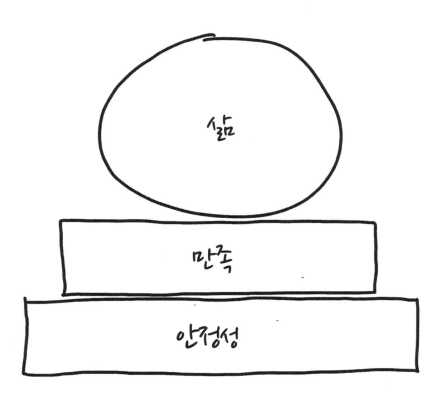

테드 세이즈Ted Seides는 공인 재무 상담사로 캐피털 앨러케이터Capital Allocators 유한책임 회사의 창립자이다. 테드는 자산 소유주와 자산관리자를 비롯한 업계 전문가의 관점을 반영하여 자산관리 업계에서 최고의 회사를 만들기 위해 노력한다. 테드는 캐피털 앨러케이터 팟캐스트를 운영하고 있으며 이 팟캐스트를 통해 자산관리자에게 조언을 해주고 있다.

캐피털 앨러케이터 이전에는 프로테제 파트너스Protégé Partners 유한책임회사의 창립자이자 공동 최고 투자 책임자로 일을 했다. 수십 억 달러를 운용하는 이 주도적인 대안투자 회사에서 테드는 14년 동안 헤지펀드의 씨앗을 뿌리고 투자하는 일을 해왔다. 테드는 예일대학기금 투자관리국의 데이비드 스웬슨David Swensen 밑에서 처음으로 일을 시작했고, 여기에서 5년 동안 일을 했으며 경영 대학원을 졸업한 후에는 예일대학기금을 관리하는 회사 두 곳에서 직접 투자 업무를 담당했다. 《최고의 헤지펀드 투자자들의 이야기와 전략, 그리고 조언Top Hedge Fund Investors: Stories, Strategies, and Advice》 선집에 글을 기고했고, 《헤지펀드를 시작하고 싶은 자산관리자와 분배자를 위한 교훈So You want to Start a Hedge Fund: Lessons for Managers and Allocators》을 썼다. 워런 버핏이 제안한 헤지펀드와 S&P 지수를 대결시키는 10년 동안의 내기에 참여했다. 예일대학교에서 경제학과와 정치학과를 우등으로 졸업하고 하버드 경영대학에서 MBA를 획득했다.

아는 분야에만
투자하라

내가 투자에 대해 개념을 형성할 수 있도록 가르쳐준 사람은 아버지, 그리고 내 첫 상관이자 동료인 데이비드 스웬슨David Swensen이었다. 아버지는 십대와 이십대 무렵 부모님을 여의였다. 조부모님한테는 돈이 충분치 않았기 때문에 아버지는 스스로 학비를 대며 의대를 졸업해야 했다. 가족의 친구 분들이 세상을 떠나기 전 아버지에게 주식에 대한 이야기를 했고, 아버지는 1959년에 IBM 주식을 샀다. 당장 모든 것을 잃을 것 같은 위기의 순간에도 아버지는 그 주식을 팔지 않고 가지고 있었다. 아버지는 지금도 그 주식들을 보유하고 있다.

우리 집은 중산층 중에서도 상위에 속했다. 나는 우리가 부자라고 생각했지만 다른 사람에게는 그저 중산층이라고 말했다. 사실 무슨 차이가 있는지도 잘 몰랐다. 우리는 포코노 고원의 공동 별장에서 휴가를 보냈고 그곳에서 겨울이면 스키를 타고 여름이면 테니스를 쳤다. 부모님은 나와 두 형제가 빚을 지지 않고 대학교와 대학원을 졸업할 수 있게 해주었고 은행 계좌에 돈을 어느 정도 가지고 있는 상태로 독립할 수 있도록 해주었다. 나는 부유한 사람들의 화려한 장식에 둘러싸여 자라지는 않았지만 안정적이고 걱정 없이 자랐다. 그리고 바로 그런 기분을 나는 '만족'이라고 표현한다. 그런 내 어린 시절의 인상과는 달리 실제로 우리 집에는 돈이 풍족하지 않았고 이는 아버지의 근심거리였다.

아버지가 돈에 대해서 구체적으로 무슨 이야기를 해준 적은 없다. 그저 "의사는 되지 마라, 생계를 꾸리는 데는 더 쉬운 길도 있단다."라는 조언을 해주었을 뿐이다. 그때 나는 아버지가 돈에 대해 이야기하고 있다는 걸 알았다. 경영대학원에 가기 전까지는 "네 꿈을 추구해라." 같은 말은 한 번도 들어본 적이 없었다. 어쩌면 내가 돈을 다루는 업계에 들어오게 된 것은 그리 놀랄 일이 아니었을지도 모른다.

아버지의 충고를 따르는 데 있어 애매했던 부분은 아버지가 재무적 개념을 충분히 갖추고 있는 사람이 아니었다는 점이다. 아버지는 수표책을 결산하는 법은 알고 있었지만 나는 최근에 들어서야 아버지가 수십 년 동안 신용카드 대출과 증권사 대출을 해왔다는 사실을 알게 되었다. 아버지는 그 빚을 이자가 훨씬 낮은 학자금 대출이나 주택담보 대출로 전환할 수도 있었을 터였다. 돈과 관련된 아버지의 조언은 방향에서는 옳았지만 구체적으로 행동에 옮길 수 있는 것은 아니었다.

데이비드 스웬슨은 예일대학교에서 내가 일하던 5년 동안 내게 마치 제2의 아버지 같은 역할을 해주었다. 나는 그와 형제 같기도 하고 부자 같기도 한 사이가 되었다. 스웬슨과의 교류 안에서 나는 무럭무럭 성장했고 지금까지도 그와의 관계를 소중히 여기고 있다. 스웬슨은 아버지가 알지 못했던 투자에 대한 모든 것을 나에게 가르쳐주었다. 그는 사치스럽게 돈을 낭비하는 사람이 아니었고, 미래를 위해 저축한다는 기본 원칙을 나도 당연하게 받아들이며 따랐다.

데이비드는 무대 뒤에서도 대중 앞에 모습을 나타낼 만큼이나 효율적인 사람이다. 그는 내가 미처 나쁜 습관을 익히기 전에 투자에 대한 기본 원칙과 좋은 투자 습관을 가르쳐주었다. 그리고 그가 말하는 삶에 대한 일상적 지혜는 내게 깊이 와 닿았다. 나는 그의 입에서 나오는 말 한 마디 한 마디에 주의 깊게 귀를 기울였다.

예일대학교를 떠난 후로 나는 다양한 투자 기관들의 고객을 상대하며 데이비드에게 배운 교훈을 적용했고 성공을 거두었다. 일을 하며 실수를 할 때마다 데이비드의 기본 원칙들을 되새겼고 그 과정에서 그 원칙을 한층 깊이 이해하게 되었다. 사업을 벌이는 15년 동안 나는 크게 돈을 벌었기 때문에 내가 정말로 원하는 것에 돈을 투자하는 일에 대해 주의 깊게 생각할 필요가 없었다. 실제로 원하는 것이 많지도 않았다.

프로테제를 나온 이후 내 재정적 상황은 장애물에 부딪쳤다. 동시에 내 수입 또한 가파르게 줄어들기 시작했다. 나는 이혼을 했고 내 통장 잔액은 한때 풍족했던 액수의 극히 일부만이 남아 있게 되었다. 지금까지 살아오면서 완전히 익숙해진 삶의 안정을 잃게 되자 나는 마음 깊은 곳에서부터 크게 흔들렸다.

나는 이런 상황에 대해 재정적으로는 물론, 감정적으로도 전혀 준비가 되어 있지 않았다. 수많은 사람들이 이와 같은 위기를 겪기 마련이다. 그리고 나는 모진 상황까지 몰리기 직전 한 발 물러설 수 있을 만큼 충분한 재정적 수단을 가지고 있었다는 점에서 대부분의 사람들보다 운이 좋았다.

그 당시에는 나는 재무 설계라는 것을 하지 않았다. 했었다면 좋았을 것이다. 이혼을 한 후 내게 남은 것은 돈이 많이 드는 생활 방식과 세 명의 자녀들과 팔기 어려운 집 한 채뿐이었다. 나는 지금까지 살면서 전혀 생각해보지도 못한 적응 과정을 거쳐야만 했다. 훌륭한 재무 설계사와 재무 설계가 있었다면 나는 마음의 평온을 찾을 수 있었을 것이며 그 결과 한층 현명한 결정을 내릴 수 있었을 것이다. 나는 여전히 재무 설계가 필요한 상태이다. 그리고 이제 막 재무 설계를 하기 위해 발을 내딛은 참이다.

내게 만족이란 나와 내가 사랑하는 이들이 느끼는 안정감, 우리가 함께 하는 즐거운 경험, 살면서 필요한 것들에 대해 두 번 고민할 필요가 없는 여유를 의미했다. 나는 내 아이들과 가족이 이런 만족의 토대 위에서 살아가길 바란다. 나는 내 인생의 사랑과 만났고 새롭게 꾸려질 가정 안에서 미래의 재정적 그림을 어떻게 그려나갈지 다시 생각하고 있다.

기관 투자자로서 내가 배운 몇몇 교훈들은 개인으로서 내 만족을 위한 투자에는 적용되지 않는다. 헤지펀드 포트폴리오를 관리하는 일을 하는 동안 나는 내가 소유할 수 있는 것에 제한을 두면서 내 자산을 대부분 내 고객들과 똑같은 방식으로 투자했다. 하지만 그 투자는 나를 위한 최선의 투자와는 크게 거리가 멀었다. 헤지펀드는 일반적으로 세금 관점에서 비효율적이며 내가 원하는 것보다 위험 부담이 낮다.

내 고객들에게 내가 그들과 똑같이 투자를 하고 있으며 그들의 자산에 집중하고 있다는 신호를 보내는 일은 중요했다. 하지만 프로테제에서 나온 후 개인 투자자로서 내 토대를 마련하는 일에는 어느 정도 시간이 걸렸다. 그 과정에서 내가 발견한 사실들을 소개한다.

현금 흐름이 흑자이며 돈이 부족할 시기를 대비하여 완충 역할을 할 수 있도록 현금을 충분히 가지고 있을 때 나는 안정감을 느낄 수 있으며 그 결과 나머지 자산을 장기적 관점에서 자유롭게 투자할 수 있다. 나는 주식시장의 변동성에는 신경 쓰지 않으며 시장 시기를 맞출 수 있다고 생각하지 않기 때문에 내 자산을 완전히 투자한 상태로 내버려둔다.

나는 내 강점에 초점을 맞출 때 가장 좋은 성과를 낸다. 그래서 개인 투자자로서 내가 가진 강점을 어떻게 활용할 수 있을지 고민했다. 나는 역투자 성적이 좋고 단기 매매 투자 성적은 그저 그렇다. 한번 사면 잘 팔지 않는 성향이 있고 들쑥날쑥하게 변동이 심한 시장에도 평온을 유지할 수 있다. 한편 나는 부가가치 창출 전략을 추구하는 뛰어난 사람들에게 투자하는 것을 좋아한다. 이런 요소를 종합한 결과 나에게 딱 맞는 투자 장소를 찾아냈다. 내가 사고 싶은, 그리고 아버지가 IBM 주식을 가지고 있었던 만큼 오랫동안 가지고 있고 싶은 펀드와 주식들이다.

나는 대부분 적극적 투자 관리 펀드와 수동적 투자 관리 펀드를 혼합하여 전 세계 주식을 보유하고 있다. 나는 인덱스펀드 혹은 인수 상장지수 펀드를 가지고 있다. 달리 대안이 없기 때문인데, 실은 적극적 투자 관리 방식을 훨씬 더 좋아한다. 이런 경향은 투자 업계에서 일을 하는 동안 적극적 투자 관리자를 선택하여 긍정적인 성과를 얻었던 경험에서 비롯된다.

적극적 투자 방식과 수동적 투자 방식을 둘러싼 논란에서 인간관계의 중요성에 대해서는 한 번도 언급된 적이 없다. 하지만 적극적 투자 관리자와 함께 일을 하게 되면 그를 통해 사람과 착상, 기회를 접할 수 있게 된다. 인덱스펀드에만 투자한다면 결코 만나지 못할 기회이다. 이런 인간관계에서 비롯되는 값을 따질 수 없는 지식과 선택지는 지속적으로 수익을 가져다주는 선물이다.

나는 펀드와 나란히 개별 주식에도 투자한다. 투자 업계에서 나의 변칙적인 렌즈에 포착된 주식이다. 내 포트폴리오에 있는 개별 주식의 대부분은 자산관리회사의 투자를 복제하는 형태를 띤다. 이를테면 2018년 12월 브룩필드Brookfield 자산관리회사의 대량 매각 당시 이 회사의 주식을 샀다. 나는 이 회사에 대해 다른 투자자보다 더 많이 알고 있는 척하지 않는다. 분기별 수익보고서를 제대로 살펴보지도 않는다. 하지만 나는 이 회사의 투자 전략을 이해하고 이 회사가 주주와 동일하게 투자하고 있다는 사실을 알고 있다. 그리고 기반 시설에 대한 투자와 채권 투자 성향이 내 포트폴리오와 맞아떨어진다는 사실을 알고 있다.

나는 자산관리회사에 가치가 편향되는 경향이 있기 때문에 노출 균형을 맞추기 위해 몇 가지 성장 주식을 보유하고 있다. 나는 활주로가 긴 회사들, 즉 내가 다음 5년에서 10년 동안 계속해서 보유하고 있을 자신이 있는 회사들의 주식을 구입한다. 아마존과 알파벳, 쇼피파이Shopify 같은 회사이다.

내 주식 포트폴리오에는 기회주의적인 투기를 위한 공간이 있다. 부분적으로는 바이오테크놀로지처럼 역동적으로 발전하는 부문에서 오름세의 매력에 이끌린 투자이다. 솔직히 말하자면 나는 이런 부분의 주식에 대해서는 다른 주식들보다 잘 알지 못한다. 그래서 내가 잘 알고 있으며, 이 분야의 투자에 경험이 있고, 회사 이름에 확신을 가지고 있는 자산관리자와 똑같이 투자한다.

가끔씩 나는 자산관리자에게 어떤 이야기를 듣고 앞에서 이야기한 자산관리회사의 복제, 장기적 성장 주식, 투기의 범주에 속하지 않는 주식을 사고 싶은 유혹에 빠진다. 그리고 나는 너무도 빈번하게 주식을 산 지 한두 달 안에 주식을 팔 때가 있다. 손실이 일어날 것 같은 기미가 보이면서 지금 내가 무슨 일을 하고 있는지 전혀 알지 못한다는 사실을 깨닫게 될 때 주로 그랬다. 몇 년 동안 나는 내가 고용한 자산관리자에게 "당신이 아는 분야에 집중하라."라고 요구해 왔다. 그리고 지금 나는 이따금씩 그 점을 스스로에게 일깨운다.

2018년 12월, 2020년 3월처럼 시장이 불안정한 시기가 닥쳤을 때 나는 내 투자 과정에 손실수확 전략을 덧붙였다. 전에는 내가 한 번도 고려하지 않았던 요소이다. 시장이 요동치는 동안 무슨 일이라도 할 수 있다는 것은 기분이 좋은 일이다. 그리고 상장지수 펀드를 그와 비슷한 상장지수 펀드로 바꾸면서 투자 손실에 대한 세금 혜택을 챙기는 일은 힘겨운 시기를 버티는 데 위로가 되었다.

나는 헤지펀드 분야를 잘 알고 있지만 헤지펀드에 투자하지는 않는다. 세금이 변제되는 기관 포트폴리오에서 뛰어난 헤지펀드는 중요한 장점을 지닌다. 하지만 과세 대상인 개인 투자자로서 헤지펀드에서 비용을 들이지 않고 수익을 이끌어 내기는 쉽지 않다.

공공 시장 외에도 나는 몇몇 몹시 매력적인 전략을 추구하는 자산관리자와 함께 몇 가지 사모펀드에 투자한다. 과거에 맺었던 인간관계에서, 그리고 최근 캐피털 앨러케이터 팟캐스트를 통해 나는 몇 가지 아주 훌륭한 기회를 만날 수 있었다. 고맙게도 자산관리자들은 내가 그런 사모펀드에 참여할 수 있도록 길을 열어주었다.

정리하자면 나는 현금 잔고와 주식 중심 포트폴리오를 적절하게 혼합하며 내가 추구하는 안정성을 확보했다. 이 안정성은 복리로 불어나 미래에 더 큰 안정성과 즐거운 시간, 행복한 인생으로 돌아오게 될 것이다.

애슈비 대니얼스

Ashby Daniels

충분함

만족

예문

애슈비 대니얼스Ashby Daniels는 쇼브리지Shorebridge 자산관리 회사의 재무 상담사이다. 애슈비는 은퇴자나 은퇴를 목전에 앞둔 이들을 위해 재무 상담을 하며, 그들이 인생의 중요한 시기를 무사히 지날 수 있도록 한걸음씩 차근차근 길을 안내한다.

애슈비는 《메디케어 간단하게 알기 - 100쪽 이내에서 설명하는 은퇴자들이 꼭 알아야 할 메디케어Medicare Simplified: What Retirees Need to Know About Medicare in 100 Pages or Less》의 저자 이다. 이 책은 아마존의 메디케어 관련 베스트셀러이다.

그는 '은퇴 현장 안내Retirement Field Guide'라는 이름의 블로그에서 열심히 활동하고 있 다. 이 블로그에서 그는 투자와 사회 보장 제도, 메디케어, 그리고 은퇴 준비에 대한 모든 것에 대해 글을 쓰고 있다. 그는 펜실베이니아주의 피츠버그에서 아내와 두 아 들과 함께 살고 있다.

이리저리
흔들리지 마라

나는 나눌 것이 별로 없는 가정에서 자랐다. 우리는 학교의 무료 급식 수혜자였고 겨울 아침이면 임시변통의 난방 기구 앞에 옹기종기 모여 앉았다. 그런 일쯤은 우리가 사는 지역에서는 흔한 일이었기 때문에 우리가 이상하다고 생각한 적은 한 번도 없었다. 하지만 오해는 하지 말자. 우리는 운이 좋았다. 생활에 필요한 것들은 모두 구할 수 있었고, 혹시 남는 여분의 것들이 있을 때는 우리보다 운이 좋지 않은 가족들에게 자주 베풀 수도 있었다. 부모님이 다른 사람을 보살피는 일을 중요하게 생각했다는 것은 분명한 사실이었다.

나이가 들수록 나는 부모님의 행동에 점점 더 감탄하게 되었다. 다른 수많은 이들에게도 마찬가지일 테지만 지금 내가 우리 가족의 재정적 삶을 어떻게 관리하는지는 아마 어린 시절의 경험이 결정적인 영향을 미쳤을 것이다. 나는 무슨 일이든 단순하게 유지하는 것이 좋다고 믿는 사람이다. 그리고 어떤 일을 단순하게 유지하는 것은 '충분함'의 의미를 정의 내리는 일에서 시작된다.

세속적인 관점에서 '충분함'이란 계속해서 멀어지는 목표일 수밖에 없다. 하지만 '충분함'의 정의는 외부에서 결정되는 것이 아니라 사람의 내면에서 결정되는 것이다. 나에게 '충분함'이란 만족과 여분 사이의 선을 긋는 일이다. 어린 시절의 경험 덕분에 고맙게도 나는 만족하기 위해 물질적인 측면에서 많은 것이 필요하지 않다.

나는 일반적으로 여분이 존재한다는 것은 삶을 충실하게 만들기보다는 종종 삶을 더 복잡하게 만든다고 믿는다. 사람들이 흔히 말하는 것처럼 나는 내가 소유하고 있는 물건들이 끝내 나를 소유하도록 만들고 싶지 않다. 나는 값비싼 시계나 최고급 자동차, 가장 큰 집 같은 것에 관심이 있었던 적이 없다. 그렇기 때문에 다른 사람들보다 이런 사고방식을 이해하기가 한층 쉬웠다. 나는 실현되지 못하는 욕구를 가지고 있는 것은 건강한 일이라고 생각한다. 우리 가족은 편안하게 살고 있지만 '충분함' 이상의 것들은 저축하거나 남에게 준다. 우리는 모든 것을 단순하게 유지하려 한다.

내가 일을 시작한 이후 우리 가족의 수입은 해마다 증가했다. 하지만 우리는 의도적으로 생활 방식을 전과 똑같이 유지해 왔다. 우리가 어떤 생활 방식을 선택하는가의 문제가 재정적 미래에 미치는 영향에 대해서 이야기하는 사람은 거의 없다. 하지만 나는 생활 방식의 선택이 개인 재무 운명의 80% 혹은 그 이상을 결정한다고 생각한다. 우리의 성공을 결정하는 요소는 우리가 어떤 펀드를 선택하는지 같은 전술적 차원의 결정이 아니다. 성공의 결정 요소는 우리가 수입 한도 안에서 생활할 수 있는 능력이다. 하지만 이런 능력은 혼자서만 노력해서 얻어지는 것이 아니다.

아내와 나는 가계 지출 문제에 대해서는 보수적인 편이다. 우리는 열심히 돈을 저축하는 한편 중요한 사람들과 중요한 대의를 위해서 더 많은 것을 베풀고 싶은 마음을 품고 있다. 우리가 기부를 하는 것은 기부 대상이나 그 대의에 동조하기 때문이기도 하지만 우리의 영혼을 위해서이기도 하다. 우리는 축복을 받았기 때문에 이 축복을 잘 관리하여 다시 사람들에게 나누어 주어야 하는 소명을 지니고 있다.

우리는 자동차를 포함한 거의 모든 것에 대해서 빚을 지거나 현금으로 지불하는 일을 좋아하지 않는다. 우리가 진 유일한 빚은 낮은 이자율 때문에 유지하고 있는 주택 담보 대출뿐이다. 나는 비슷한 상황에 처한 수많은 고객에게 내가 해주었던 조언을 똑같이 따르며 10년 전 우리가 집을 구매한 이후 은행에 갚아야 하는 금액보다 한 푼도 더 지불하지 않았다. 나에게는 필요할 때 대출금을 완전히 상환할 수 있는 돈을 가지고 있는 것은 대출금을 완전히 갚아 버리는 것과 다름없는 것처럼 여겨진다. 이 방법은 우리 가족에게는 효과가 있다.

나와 아내는 세 가지 중요한 재정 목표를 가지고 있다.

첫째, 은퇴를 준비한다.

둘째, 두 아들의 대학 학비를 마련한다.

셋째, 예기치 못한 인생의 사건에 대비한다.

우리는 이 세 가지 목표를 달성하는 과정에서 모든 일을 단순하게 유지한다는 원칙을 실제로 적용하고 있다. 나는 사람들이 별것 아닌 일에 지나치게 많은 시간을 낭비한다고 생각한다. 특히 사람들은 포트폴리오 관리에 지나치게 시간을 낭비한다. 어떤 것이 충분히 괜찮다고 한다면 나는 그것에 신경 쓰기보다 좀 더 급박한 문제를 고민할 것이다.

나는 은퇴 자금과 아이들 학자금을 투자하는 데 있어 나의 포트폴리오가 100% 주식으로 구성되어 있다고 자랑스럽게 말할 수 있다. 어떤 이들은 이것을 어리석은 결정이라고 말할지도 모른다. 포트폴리오의 변동성을 낮추기 위해 고정수입을 일정 비율 이상 가지고 있어야 한다고 말할지도 모른다. 하지만 나는 그 말에 동의하지 않는다. 우리에게는 단기간의 목표가 없기 때문이다. 널리 알려진 사실에 따르면 단기간의 변동성을 낮추는 투자는 또한 장기간의 수익을 낮출 수밖에 없다. 이 사실을 염두에 두고, 진정한 의미에서의 장기 투자를 견딜 수 있는 만큼 정서적인 인내심을 갖추고 있다고 가정한다면 주식 외에 다른 것을 소유하는 것은 비논리적으로 여겨진다. 그리고 나는 우리가 그런 인내심을 갖고 있다고 믿고 있기 때문에 앞으로도 계속해서 주식에 투자할 계획이다.

우리가 보유한 주식에 대해서 설명하자면, 투자 조사나 펀드 관리 분야에서 일하는 동료들을 존경하는 것과 별도로 정말 솔직하게 말해 나는 고작 백분의 몇 퍼센트 수익을 더 얻기 위해 애쓰는 일은 나 자신을 포함한 전형적인 중산층 투자자에게는 시간 낭비에 불과하다고 생각한다. 알파 이득을 위한 모험은 전적으로 내 통제에서 벗어나 있는 일이기 때문이다. 그리고 그런 모험을 감수하는 일은 우리 가족의 재정 목표를 달성하는 데 있어 전적으로 불필요한 일이다.

모든 일을 단순하게 유지한다는 것은 어떻게 보면 충돌을 최소화할 수 있는 장소를 찾는 일이기도 하다. 다르게 표현해서 나는 가능하기만 하다면 내가 통제할 수 없는 위험 요소를 전부 배제해 버리고 싶다. 시장을 이기기 위한 시도에는 또한 시장보다 성과를 내지 못한다는 위험이 따라오기 마련이다. 우리의 재정 목표를 달성하기 위해 시장을 이길 필요가 없는 상황에서 굳이 목표에서 더 멀어질 수 있는 위험 요소를 끌고 들어올 필요가 어디 있겠는가?

만약 우리의 재정 목표를 이루기 위해서 반드시 시장을 이겨야만 한다면, 그때는 다른 위험 요소를 수반하는 일을 시도하려 하기보다는 재정 목표를 수정할 필요가 있다고 생각한다. 우리의 필요를 충족하기 위해서는 시장 수익률만으로 충분해야만 한다.

나의 포트폴리오는 다양하게 혼합된 인덱스펀드로 구성되어 있다. 계좌의 균형을 맞추는 것 외에는 포트폴리오에 손을 대지 않는다. 나는 매 순간마다 지속적으로 포트폴리오를 최적화할 수 있다고 생각하지 않는다. 대부분의 사람들이 무시하고 넘어가고 싶어 하는 한 가지 사실은 포트폴리오 최적화 작업은 전적으로 과거의 자료에 기반을 두고 있다는 점이다. 너무나도 당연해 보이는 사실이지만 이 업계에서 포트폴리오 최적화에 그토록 목을 매고 있는 현상을 보면 어딘가 잘못된 부분이 있는 것 같다.

만일 모든 투자에 대한 연구가 과거의 자료에 기반을 두고 있다면(그 밖의 다른 자료는 존재하지 않는다.) 최적으로 여겨지는 그 어떤 포트폴리오 또한 심지어 그 포트폴리오를 적용하기도 전에 이미 유효 기간이 지나 있을 것이다. 왜냐하면 우리는 현재로서는 그 어떤 것도 알 수 없는 미래를 향해 투자하고 있기 때문이다. 달리 말해 미래가 현재가 되기 전까지는 어떤 것이 최선인지 알 수가 없다. 그리고 그때가 되면 이미 늦은 것이다. 미래에 대해 그 어떤 사실도 알 수가 없다면 왜 전혀 최적화될 수 없는 것을 최적화하려고 애를 쓴단 말인가?

나는 빛나는 물건 증후군(새로운 상품 혹은 아이디어를 무조건 쫓아다니는 경향을 말한다.-옮긴이)의 시대에 다양한 인덱스펀드에 분산 투자된 포트폴리오를 기꺼이 고수할 수 있는 능력은 거의 투자적인 초능력에 가깝다고 생각한다. 하지만 재정 목표를 달성하는 데 있어, 매번 다음에 나오게 될 최고의 것을 계속해서 찾아다니는 것보다 인내하고 기다리는 것이 훨씬 단순하면서도 더 만족스러운 방법이다.

나는 지금 내 로스 401(k) 계좌와 과세 계좌에 매달마다 돈을 납입한다. 현재 우리의 수입 수준을 고려할 때 퇴직연금 계좌로 로스를 선택한 것은 장기적으로 보아 그리 현명한 선택이 아닐지도 모른다. 우리가 어쩌면 은퇴할 시기에 세금을 더 적게 내는 계층에 속하게 될지도 모르기 때문이다. 하지만 그럼에도 불구하고 나는 로스를 선택했다. 지금 미리 세금을 낸다고 해도 상관없다. 내가 신경 쓰는 문제는 미래의 세금이 우리에게 미칠 영향이다.

미래에 청구될 세금 계산서는 또 다른 충돌을 일으킬 잠재력을 품고 있으며, 나는 로스 계좌를 선택함으로써 이 충돌의 가능성을 배제한다. 또한 씨앗에 세금을 내고 싶은가, 나무에 세금을 내고 싶은가의 질문도 고민한다. 우리 앞에는 30년이 넘는 동안 세금이 붙지 않을 성장의 가능성이 펼쳐져 있기 때문에 나는 씨앗에 세금을 내는 편을 더 선호한다.

나의 과세 계좌는 현재 가장 규모가 큰 자산이 되어가고 있다. 나는 이 계좌를 저축의 확장판이라고 생각한다. 물론 이 계좌는 전부 주식 투자로 이루어져 있지만 말이다. 혹시라도 비상금 저축 이상으로 돈이 필요한 일이 생길 수도 있다. 우리는 그런 일이 일어날 때 시장이 어쩌면 불황 상태일지도 모를 가능성을 기꺼이 감수하려 한다. 앞으로 다가올 시기에 더 높은 수익을 얻을 수 있는 기회를 확보하기 위해서이다.

과세 계좌의 목적은 은퇴와 학비를 위한 자금을 마련하는 것이다. 우리는 자녀들의 학자금을 위해 529제도를 활용하지 않는다. 절세 혜택보다는 선택지를 갖는 편이 더 좋기 때문이다. 만약 우리

아이들이 군에 입대하게 되거나, 가능성은 없지만 혹시라도 장학금을 받게 되거나, 혹은 아예 대학에 가지 않고 다른 일을 하게 된다면, 그것도 나름대로 좋은 일이다. 우리는 그들을 다른 방식으로 지원해줄 수 있을 것이다. 그렇게 할 여유가 있기 때문이다. 이런 방식의 저축은 여러 선택지를 제공한다.

세 번째, 예기치 못한 사건에 대비하는 목표를 달성하기 위해 나는 보험이 좋은 해결책이 될 수 있다고 굳게 믿는다. 나는 만약 나에게 무슨 일이 일어날 경우 우리 가족이 평생 연금을 받고 교육을 받을 수 있도록 충분한 금액의 생명보험을 들어 놓았다. 그 보험에는 혹시 내가 더 이상 일을 하지 못하게 되었을 경우를 대비하여 내 가족을 부양하기 위한 장애 보장 규약도 있다. 그리고 미래에 일어날 예기치 못한 사건에 대비하여 적절한 수준의 책임보험도 들어두었다. 살면서 일이 잘못될 경우를 대비하여 보험을 들어두었기 때문에 우리는 일이 잘 되어 나갈 경우를 대비하여 투자를 할 수 있다.

우리는 자신에게 가장 중요한 것이 무엇인지, 무엇을 성취하기 위해 노력하는지 제대로 이해해야 한다. 그 이해는 우리의 투자 전략과 전술 계획을 세우기 위한 지침이 되어 주기 때문이다. 그렇게 계획을 세워 두어야 걱정 없이 밤에 푹 잠을 잘 수 있다. 재무적 문제를 어떻게 해결하는지에 대해서는 단 한 가지 올바른 정답이 존재하지 않는다. 우리는 우리에게 잘 맞는 방법을 찾아내야 하며 그 방법을 끝까지 고수해야 한다.

블레어 듀케네

Blair duQuesnay

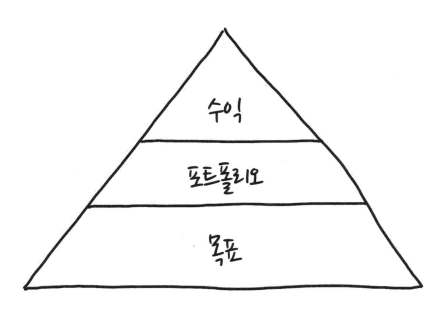

블레어 듀케네Blair duQuesnay는 공인재무분석사이자 공인재무설계사로 리츠홀츠 자산 관리 회사에서 투자 상담사로 일을 하고 있다. 블레어는 회사의 고객들과 함께 일을 하며 지속가능성 있는 재무 설계를 하고 투자 전략을 구상한다. 블레어는 회사 내 투자위원회의 일원이기도 하다.

블레어는 재무 서비스 업계에서 기고가와 해설가로 활발한 활동을 벌이고 있다. 2019년 1월에는 〈뉴욕 타임스〉에 '남자 중개인 해고를 고민해 보라'는 제목의 사설을 썼다. 블레어의 의견은 〈월 스트리트 저널〉, 〈포브스Forbes〉, 〈투자 소식〉, 〈모닝스타 어드바이저 매거진Morningstar Advisor Magazine〉, 〈비즈니스 인사이더Business Insider〉 등의 여러 매체에 등장하거나 인용되었다.

그녀는 공인재무분석사연례학회, 모닝스타투자학회, 공인재무분석사 자산관리학회에 강연자이자 토론자로 참가하기도 했다. 블레어는 공인재무분석사 차트홀더이며 2011년부터 루이지애나주 공인재무분석사협회의 일원이 되었으며 2016년에서 2017년까지는 협회의 회장으로 활동했다. 블레어와 남편은 두 어린 자녀와 함께 뉴올리언스에 살고 있다.

투자에도
예외가 있다

몇 년 전 자산관리회사의 이사로 재직하고 있는 팀 마우러Tim Maurer가 주최하는 강연에 참석한 적이 있다. 팀은 청중에게 다음과 같은 질문을 던지며 강연을 시작했다. "여러분의 돈에 대한 첫 기억은 무엇입니까?" 나는 머릿속을 샅샅이 뒤져보았지만 강연 시간 안에 돈에 대한 첫 기억을 떠올리지 못했다.

어린 시절 돈과 관련된 기억에서 '돈 관념'이 만들어진다. '돈 관념'이란 돈과 관련하여 내면에 깊이 새겨지는 신념이다. 일반적인 돈 관념에는 '열심히 일하면 돈을 번다.', '유산을 상속받는 것은 나쁜 일이다.', '가난한 사람은 게으르다.'와 같은 것이 있다. 일단 돈 관념이 내면에 자리를 잡고 나면 이를 바꾸기란 어렵다.

돈 관념에 대한 심리 연구에서는 돈 관념이 인생을 형성하는 데 결정적인 영향을 미친다는 결과가 나왔다. 우리가 내면에 품고 있는 돈 관념을 이해하게 되면 재정 목표를 달성하는 데 장애물을 제거할 수 있다.

그날 저녁이 되어서야 나는 돈에 대한 나의 첫 기억이 교회의 헌금함이었다는 사실을 깨달았다. 나의 돈에 대한 어린 시절의 첫 기억은 교회를 지원하기 위해, 그 지역 사회에서 교회가 벌이는 사업을 지원하기 위해 사람들이 기꺼이 돈을 내어주는 모습이었다. 나는 이 기억이 내 재무적 결정에 어떤 영향을 끼쳤을지 자주 생각한다.

내가 재무 업계에서 일을 하게 된 것은 대학교 시절 주식시장과 그리고 투자와 사랑에 빠졌기 때문이다. 처음에 나는 워런 버핏을 흠모하는 종목 선정가였다. 버핏의 "당신이 아는 분야에 투자하라."라는 조언에 따라 내가 처음 산 주식은 노드스트롬Nordstrom 백화점의 주식이었다. 몇 년 후 나는 주식 보유 기간에 대한 버핏의 충고, 즉 '영원히'라는 기간을 어기고 맨해튼 중간 지구의 원룸 아파트를 얻기 위해 그 주식을 팔았다.

내 투자 철학은 찰스 엘리스Charles Ellis의 《패자의 게임에서 승자가 되는 법Winning the Loser's Game(중앙북스, 2010년)》을 읽고 난 후 크게 변했다. 이 책은 당시 내가 일하던 웰스스트림 어드바이저스Wealthstream Advisors 주식회사의 창립자이자 사장이었던 마이클 굿먼Michael Goodman이 내게 선물해준 것이었다. 엘리스의 책을 읽고 난 후 나는 시장을 이기려는 노력이 결국은 질 수밖에 없는 싸움이라는 사실을 마음 깊이 납득했다.

골프에서 파par는 좋은 점수이다. 그러므로 버디birdie를 하려고 애쓰기보다 보기bogey를 피하려고 노력하는 것이 훨씬 더 중요하다. 비용을 제외하고 나서 지속적으로 시장을 이길 수 있는 전문 투자자는 거의 존재하지 않는다. 엘리스의 책에서 배울 수 있는 가장 중요한 핵심 비결은 바로 시장 수익률이 상당히 좋은 수익률이라는 사실이다.

현재 저비용 인덱스펀드가 확산되고 있는 현상은 바로 시장 수익률이야말로 우리가 취해야 할 수익률이라는 사실을 증명하고 있다. 우리가 해야 할 일은 다만 그 사실을 인정하는 일뿐이다. 나는 이 책을 읽은 뒤로 개별 주식에는 투자하지 않는다.

나는 항상 나 자신에게 먼저 돈을 지불한다는 원칙을 세워 저축을 최우선 순위로 삼았다. 처음 일을 시작했을 무렵에는 매달 401(k) 퇴직연금 계좌에 얼마 되지 않는 액수를 넣는 것이 고작이었다. 나는 회사가 퇴직연금 계좌에 퇴직금을 넣어주는 혜택을 받기 위해 필요한 최소한의 금액을 이 계좌에 넣었다.

나는 10년 전에 뉴올리언스로 이사를 왔고 재무 설계사이자 투자 상담사로 내 이름을 건 사무실을 열기로 결정했다. 사업 자금을 마련해야 했을 뿐만 아니라 창업을 준비하는 동안에는 월급을 받지 못했기 때문에 나는 10년 동안 직장 생활을 하며 모아둔 은퇴 저축의 대부분을 다 써 버리고 말았다. 하지만 나는 이것이 내가 지금까지 한 투자 중 가장 훌륭한 투자라고 생각한다. 상담사로서 고객을 확보하고 사업을 확장시키는 솜씨는 별로 없었지만 나는 나의 웹사이트와 블로그, 소셜 미디어를 통해 나 자신을 홍보하기 시작했고 이런 노력을 통해 결국 전국적인 인지도를 지닌 상담사가 되었기 때문이다. 나는 종종 웹사이트를 만들기 위해 지출한 돈이 내 인생에서 가장 비싼 면접 비용이었다고 농담을 한다.

그 이후 나는 결혼했고, 신혼집을 장만했고, 가정을 꾸렸다. 우리 가족의 재정 우선순위에는 아직 세 살밖에 되지 않은 아들과 갓 태어난 딸을 위한 학자금 마련, 좀 더 넓은 집으로 이사하는 일, 은퇴 시기를 대비하는 일이 포함되어 있다.

재무 설계사로서 나는 수많은 사람들이 은퇴하는 모습을 지켜보았다. 어떤 이들은 여행과 친구, 취미 생활, 다양한 활동으로 가득 찬, 행복이 넘치는 새로운 삶을 시작한다. 어떤 이들은 삶의 목적을 찾기 위해 고군분투한다. 나는 내가 후자의 진영에 속하게 될까 봐 걱정이 된다. 은퇴 시기를 위한 자금 마련은 우리가 포트폴리오에 바라는 목표이다. 더 이상 봉급을 받지 못하게 되었을 때, 우리는 포트폴리오가 생활비를 감당해줄 수 있기를 바라고 있다.

나 자신에게 먼저 돈을 지불한다는 원칙에 따라 내 급여의 일정 부분은 내 401(k) 계좌, 두 아이를 위한 529 학자금 저축 계좌, 그리고 현금 보관 계좌로 자동 이체된다. 나의 목표는 이 돈을 건드리지 않고 장기 목표를 위해 투자하는 것이다. 나는 현금 보관 계좌에는 적어도 6개월분의 생활비를 남겨 두려고 노력한다. 그해에 집을 수리해야 하는 일이 생기거나 예상치 못한 지출이 발생하는 경우 이 계좌에서 돈을 꺼내 쓴다.

일을 하는 동안 거의 내내 나는 의료 저축 계좌에 돈을 납입할 수 있는 자격을 주는 건강보험에 가입되어 있었다. 의료 저축 계좌에 넣는 돈은 시장에 투자할 수 있으며 여기에서 생기는 수익은 훗날 의료 관련 지출이 발생할 때 사용할 수 있다. 의료 저축 계좌에 넣는 돈은 소득공제를 받을 수 있으며 계좌 안에서 발생한 수익에도 세금이 유예되는 한편 의료 목적으로 인한 인출은 세금과 해약금이 면제된다. 이렇게 삼중으로 세금을 절세할 수 있는 계좌는 찾아보기 힘들다. 하지만 의료 저축 계좌에 돈을 넣을 자격을 획득하기 위해서는 본인 부담금이 큰 건강보험에 가입되어 있어야 한다.

올해 나는 아이의 출산을 앞두고 있었기 때문에 본인 부담금이 낮은 건강보험을 선택했다. 나는 나중에 다시 의료 저축 계좌에 돈을 납부하면서 미래의 의료 비용을 저축할 수 있게 되기를 바라고 있다.

나는 은퇴 계좌와 세금 혜택이 없는 다른 계좌에 들어 있는 자산을 고객에게 추천하는 포트폴리오와 똑같은 방식으로 투자한다. 주식과 채권을 적절히 섞은 내 포트폴리오는 두 가지 요소에 기반을 두고 있다. 투자 지평과 위험 감수도이다. 투자 지평은 길게 잡는다. 우리는 적어도 앞으로 30년 정도 더 일을 할 계획이며 자녀들은 아직 어리기 때문이다. 위험 감수도는 높게 잡는다. 나는 투자에 시간을 들일 수 있다는 장점이 있으며 이 업계에서 일을 하고 있는 덕분에 위험과 수익 사이의 관계를 마음 깊이 잘 이해하고 있다. 하지만 그렇다고 해서 주식에만 100% 투자하고 있지는 않다.

나는 주식에 80%를 투자하고 채권에 20%를 투자한다. 채권은 시장이 하락세일 때 변동성을 약화시켜주며 하락장 동안 투자 균형을 맞출 수 있는 현금을 제공해 준다.

나는 회사에서 투자 위원회에 속해 있다. 투자 위원회에서는 대부분의 시간을 '가장 중요한 결정'이라 부르는 결정을 내리는 데 사용한다. 바로 고객들의 포트폴리오 자산 배분에 대한 결정이다. 이 결정을 내리기 위해서는 국내 주식과 국제 주식을 어떻게 혼합할지, 중소기업과 대기업 주식 비율을 어떻게 잡을지, 가치, 모멘텀, 주주 수익률 같은 인자에 얼마나 노출시킬지 등의 문제를 결정해야 한다. 그다음 우리는 결정된 자산 배분을 실행할 수 있는 체제를 확정짓는다.

우리는 장기적인 전략적 배분에 중기적인 전술적 결정을 결합시킨다. 이를테면 국제 주식이 미국 내 주식에 비해 값이 싸다면 포트폴리오에서 배분 기준보다 국제 주식의 비중을 좀 더 높게 만드는 식이다. 내 포트폴리오 또한 우리가 고객에게 추천하는 포트폴리오와 똑같은 방식으로 투자되어 있다. 그 결과 내 포트폴리오는 저비용 뮤추얼펀드와 상장지수 펀드를 통해 투자되고 있는, 전 세계적으로 다양한 주식과 채권으로 구성되어 있다.

아이들을 위한 529 계좌는 뱅가드에서 관리하는 연령에 맞춰 투자해 주는 뮤추얼펀드에 투자되어 있다. 루이지애나주에서는 우리가 529 계좌에 돈을 넣으면 연간 납입한 액수의 2%에 달하는 금액을 주정부에서 인심 좋게 지원해 준다. 여기에 더해 이 계좌에 넣은 돈에 대해서는 결혼한 부부가 합쳐 연간 4,800달러까지 소득공제를 받을 수 있다.

아이들이 실제로 대학에 들어갈 나이가 가까워지면 이 계좌의 투자 배분은 주식 위주에서 채권과 현금 위주로 바뀌어 나갈 것이다. 최근 몇 년 동안 대학 학비가 오르는 비율을 지켜본 바에 따르면 우리 아이들을 주 안에 있는 공립대학교에 보내는 데에는 100만 달러 정도가 들 것으로 예상된다.

나는 고객에게 추천하는 포트폴리오와 똑같이 투자한다는 원칙에 한 가지 예외를 두고 있다. 투자 관리 업계는 사실상 좁기 때문에 지난 몇 년 동안 놀라울 정도로 뛰어난 재능을 지닌 사람과 그 사람들이 만들어내는 상장지수 펀드 상품을 만나왔다. 그중에는 라이프+자유 인덱스펀드를 만든 퍼스 톨Perth Tolle이 있다. 퍼스의 방법론은 신흥시장 국가를 그 나라의 인권 수준과 경제적 자유의 수준에 기반을 두고 순위를 매기는 것이다.

퍼스의 펀드는 자본주의 시장 안에서는 자유가 승리한다는 이론에 기반을 두고 있다. 나는 내 로스 개인은퇴 계좌의 일부를 이용하여 퍼스의 상장지수 펀드에 얼마 안 되는 금액을 투자했다. 나는 내가 존경하는 사람이 만드는 상품을 위해서라면 앞으로도 한두 차례쯤 예외를 만들어도 좋다고 생각한다.

재무 상담사로서 경험을 통해 나는 투자에 있어서 '어떻게'의 문제보다 '왜'의 문제가 한층 더 중요하다는 사실을 배웠다. 내 재무 목표는 포트폴리오의 알파 수익이나 샤프 지수Sharpe ratio(위험대비

수익률)보다 훨씬 더 중요하다. 나 자신에게 먼저 돈을 지불하는 원칙을 지키고 불필요한 실수를 피할 수 있다면 나는 우리의 투자 포트폴리오가 제 할 일을 다 해줄 것이라고 자신한다.

레이한 미코
Leighann Miko

순 자산   ≠   자신의 가치

레이한 미코Leighann Miko는 공인재무설계사로 로스앤젤레스에 기반을 둔 독립적 투자 관리 회사인 이퀄리스 파이낸셜Equalis Financial의 창립자이다. 이 회사에서는 수수료만을 부과하는 원칙에 따라 재무 설계, 기업 관리, 투자 관리 서비스를 제공한다.
레이한은 사회적 혜택을 충분히 누리지 못하는 사회 계층에 힘을 실어주고 이들을 교육하는 일에 열정적으로 앞장서고 있으며 특히 연예계에서 활동하는 LGBTQ+ 창작가들을 비롯하여 야심찬 전문가들과 함께 일을 하고 있다. 레이한의 목표는 사람들의 좌뇌가 하는 일을 대신 해주면서 그들이 우뇌에서 사고할 수 있도록 돕는 것이다.
인간 중심 재무 설계에 대한 헌신적인 마음으로 레이한은 고객의 재무 업무를 맡기 전에 시간을 들여 그 사람의 전체 모습을 이해하기 위해 노력한다. 이런 의도적인 접근 방식은 다른 이들이 재정적 안정을 누릴 수 있도록 돕고 싶은 열정에서 비롯되었다. 재정적으로 불안정한 가정에서 성장한 레이한은 재정 안정성의 가치에 대해 잘 인식하고 있다.

가치를 어디에서
찾는가?

"우리 자신의 이야기를 가지고 있다는 것은 힘겨운 일일 수 있다. 하지만 그 이야기로부터 도망치며 인생을 보내는 것보다는 훨씬 쉬울 것이다."
— 브레네 브라운 《나는 불완전한 나를 사랑한다(2019년, 가나출판사)》

맙소사! 나는 이미 도망치는 일에는 진력이 나지 않았는가? 그리고 그 마라톤에서 돈 문제는 한 번도 즐거운 주제였던 적이 없었다. 돈은 계속 나를 정신적으로 상처 입히고 마음 약하게 만들었다. 돈이 무언가 긍정적인 것을 의미하는 순간은 극히 드물었고, 그런 일이 일어나는 그 드문 순간조차, 그건 그저 내가 자신을 속이기 위해 창조해낸 일시적인 환상에 불과했다. 자신을 보호하고 싶은 마음과 진실 사이에는 가느다란 심리적인 선이 존재한다. 나이가 들어가면서 그 선을 분명하게 보는 일이 점점 더 어려워지고 있다. 그 선은 나의 과거와 관련이 있기 때문이다.

나는 재정 상태가 불안정하기 짝이 없는 환경에서 자랐다. 재정적 안정이라는 게 존재했다 하더라도 오래 지속되지 않았고 그마나그 안정이라는 것도 정서적으로 불안정한 양아버지가 가져다준 것이었다. 그 사람은 아버지라는 이름이 전혀 어울리지 않는 사람이었다. 그저 이렇게만 말해두겠다. 엄마와 양아버지가 헤어지는 그날 나는 열두 살이었고, 그날은 지금까지도 내 인생에서 가장 행복했던 날 중 하나로 남아 있다.

그 이후로, 엄마는 성장기와 사춘기를 보내고 있던 나와 형제들을 혼자 힘으로 키웠다. 엄마는 우리가 복지 제도에 의존해서 살아가고 있으며 이를 이웃들이 안 좋게 생각한다는 냉혹한 현실에서 우리를 보호하기 위해 나름대로의 최선을 다했다. 그건 우리 가족의 비밀이었다. 엄마는 우리가 식료품 구매권(미국 정부는 저소득층에 대한 복지 혜택으로 식료품 구매권을 지급한다.-옮긴이)을 사용하는 모습을 우리가 아는 사람에게 들키지 않기 위해서 일부러 도시 경계 너머, 멀리 떨어진 가게까지 찾아가 필요한 물품을 구입했다. 엄마가 왜 동네 가게에서 식료품을 사지 않는지 그 이유에 대해서 단 한 번도 직접적으로 설명한 적은 없었다. 하지만 나는 엄마가 수치스러워 하고 있다는 사실을 잘 알고 있었고 그 수치심은 나에게도 딱 들러붙어 떨어지지 않았다. 나는 교훈을 배웠다. 우리의 가치는 우리의 순자산과 밀접하게 연관되어 있다.

엄마는 어떻게든 수입과 지출의 균형을 맞추기 위해 부지런히

애를 썼지만 내가 학교에서 집으로 돌아왔을 때 집의 전기가 나가 있거나 가스가 끊겨 있던 적이 여러 번 있었다. 그럴 때마다 나는 그런 일을 내 손으로 처리해야 한다는 책임을 떠맡고 전기 회사에 전화를 걸어 다시 전기를 연결해달라고 애원해야 했다. 엄마는 일을 하고 있어 개인적인 업무를 처리할 시간을 낼 수 없었기 때문이다. 그때 나는 열세 살이었다.

전기, 수도 회사에 전화를 하거나 압류된 자동차를 되찾아오는 일이 아닐 때에는 퇴거 처리를 미루어 달라고 집 주인에게 사정해야 했다. 그런 노력이 수포로 돌아갔을 때도 여러 차례 있었다. 그리고 그렇게 일이 크게 잘못 되어갈 때마다 우리는 엄마가 느끼고 있었던 패배감을 함께 느낄 수 있었다. 그럴 때마다 엄마 얼굴에 떠오른 공포와 실망감, 필사적으로 지어냈던 억지 미소를 보면서 나는 절대 이런 식으로는 살지 않겠다고 다짐했다. 그리고 나는 그런 식으로 살지 않을 수 있었다.

이제 내가 법적으로 성인이 되는 시기로 넘어오자. 나는 내 첫 번째 신용카드를 신청하고 받아본 날을 기억한다. 마치 크리스마스 아침 같았다. 나는 이제 막 열여덟 살이 되었고, 카드 디자인을 직접 고를 수 있다는 마케팅 술수에 속아 넘어가 카드를 발급받은 참이었다. (마케팅 분야 사람들은 참 일을 잘한다!) 몇 주 후에 신용카드가 도착한 순간 나는 이 초록색의 플라스틱 카드 한 장이 내게 얼마나 큰 기쁨을 가져다주었는지 아직도 생생히 기억할 수 있다. 사용한도 200달러의 카드였다. 자유였다. 나는 신용카드를 보며 '이

건 비상용이야.'라고 생각했다. 그 생각은 고작 2주 동안 지속되었을 뿐이다.

그 카드로 내가 처음 산 물건이 아직도 기억난다. 퍼시픽 선웨어 Pacific Sunware에서 구입한 파란색과 초록색 줄무늬의 상의였다. 18달러였다. 2~3주 만에 카드 한도를 꽉 채웠다는 것은 말할 필요도 없을 것이다. 돈과 관련된 상처가 마침내 자유를 얻어 마음껏 날뛰기 시작한 것이다.

돈의 가치를 둘러싼 내면의 갈등은 마치 내가 두 개의 인격을 가지고 있기라도 한 것처럼 내 정신을 둘로 갈라놓았다. 한쪽에는 단지 순간의 만족을 느끼기 위해 쓸모없는 물건들을 마구잡이로 사들이면서 마음의 공허함을 채우려고 애쓰는 절박한 심정의 어린아이가 있었다. 그리고 다른 한쪽에는 내가 하는 행동의 결과를 충분히 인지하고 있는, 교육을 잘 받고 책임감 있는 어른이 있었다. 나는 오늘날까지도 어떤 물건이든 제값을 다 치르고 사려 하지 않는다. 결과적으로 내 지출 습관은 가진 걸 다 써버리고 싶은 충동과 한 푼도 쓰고 싶지 않은 욕구 사이에서 이리저리 흔들렸다. 하지만 대부분의 경우 나는 전자의 충동에 따라 움직였다.

2019년에 이르러서야 나는 내 정신을 건강하게 만드는 일을 우선순위로 삼고 스스로 나라고 생각하고 싶은 사람에서 벗어나 실제의 나라는 사람을 인정할 수 있도록 나 자신에게 마음의 여유를 주려고 노력했다. 그런 과정에서 나 자신에게 잔혹할 정도로 솔직해지는 일이 필요했다. 나라는 사람을 생각할 때 나의 동기와 가치를 떼어 놓고 생각할 수 없었기 때문에 특히 그랬다. 내가 상대적인 의미에서 성공을 거두었음에도 불구하고 여전히 인생에서 내가 서 있는 곳과 내가 서 있다고 생각하는 곳 사이에는 깊은 단절이 존재한다.

나는 여전히 복지 제도에 의존하고 있는 어린아이인 듯한 기분이 들고 사람들이 나를 그렇게 보고 있다는 기분이 든다. 하지만 서류상으로 나는 개인 재무 전문가이다. 하지만 아직도 내 머릿속에 가득한 지식을 나 자신의 재무 문제에 의미 있는 방식으로 적용할 수가 없다.

그토록 오랫동안 나를 앞으로 나아가지 못하게 붙잡은 것은 내가 이렇게까지 성공해서는 안 되는 게 아닐까 하는 생각이다. 나는 마치 대문의 구멍을 통해 몰래 숨어 들어온 도둑 같은 기분이 든다. 안전요원이 다가와 나를 줄에서 끌어내면서 내가 이 놀이기구를 탈 수 있을 만큼 키가 크지 않다고 말하기만을 기다리고 있는 심정이다. 예전에는 내가 왜 개인 재무 업계로 들어왔는지 그 이유를 분명히 알고 있다고 생각했다. 하지만 그 생각은 틀렸다. 이 일을 한 지 13년이나 지나고 나서야 나는 그 이유를 확연하게 알 수 있었다. 나는 내가 절대 가질 수 없을 것이라 생각했던 삶을 다른 사람들이 누릴 수 있도록 돕고 싶었기 때문에 이 일을 선택했던 것이다.

그동안 나는 압류될 걱정 없이 안심하고 탈 수 있는 차를 운전하는 기분이 어떨지 항상 꿈꾸었다. 퇴거 요청을 받는 일 없이 집을 소유하는 기분, 집에서 50킬로미터 이상 멀리 여행을 떠나는 기분,

재정적 안정감을 누리는 기분이 어떨지 말이다. 그래서 나는 적어도 다른 사람들이 그 기분을 누릴 수 있도록 내가 도울 수 있겠다고 생각했다. 그리고 그들을 통해 그 기분을 간접적으로 체험하는 것이다. 이것은 일종의 옷을 갈아입히는 인형 놀이 같은 것이었다.

나는 내가 만나는 고객들의 인생을 조금씩 대리 체험할 수 있었고 머릿속에서 시험 주행을 해본 다음 다시 현실로 돌아올 수 있었다. 자, 이제 다 말했다. 그리고 지금은 방향 전환을 할 시간이다. 개인 재무 분야의 리더인 조지 킨더George Kinder라면 이렇게 물을 것이다. "그렇다면 지금의 방법 대신 어떻게 하기를 바라는가?"

이 글은 내가 어떻게 추종하는 가치에 따라 살아갈 수 있는 비결을 완성했는가에 대한 이야기가 아니다. 어떻게 그 가치에 맞추어 지출과 저축, 투자 결정을 내렸는가에 대한 이야기도 아니다. 그런 일들은 여전히 내게는 새로운 영역이다.

이 글은 나 자신을 비롯하여, 가치를 이루며 살아가기 위해서는 노력과 연습이 필요하다는 사실을 되새겨야 하는 이들을 위한 공개편지이다. 진실 어린 삶을 살아가기 위해 의미 있는 행동을 취할 수 있게 되려면 자신에게 가장 중요한 것이 무엇인지 진정으로 깨달아야만 한다. 사람들이 흔히 생각하는 믿음과는 반대로 이론적으로 불합리해 보이는 결정을 내린다 해도 괜찮다. 다만 한 가지, 내가 절대로 하지 않는 일, 그리고 다른 사람에게도 권하지 않는 일은 금전적인 이득 혹은 결과만을 염두에 두고 결정을 내리는 일이다. 그 동전에는 뒷면이 존재하며, 그 뒷면은 금전적인 이득보다 더 중요할 수도 있다.

나는 내 돈이 나를 위해서뿐만 아니라 다른 사람을 위해서도 이득이 되어야 한다고 생각하며 내 지출을 조정한다. 나는 내 돈을 다수의 사람들이 가장 최고의 이득을 얻는 방식으로 사용하려고 노력한다. 주로 대규모 법인 단체보다는 지역 사회의 풀뿌리 기관에 돈을 기부한다. 실제로 변화를 만들어나가는 사람들은 지역의 현장에서 일하며 싸워 나가는 사람들이기 때문이다.

나는 노숙자나 마약 중독자가 그 생활에서 벗어날 수 있도록 돕기 위해 고용 기회를 창출하거나 직업 훈련을 시켜주는 회사에 돈을 기부한다. 내가 평생 동안 살아온 로스앤젤레스 지역에서 활동하는 회사라면 더할 나위 없다.

나는 아마존이 제공하는 속도와 편의성의 유혹과 맞서 싸우면서 기회가 있을 때마다 필사적으로 동네 가게에서 물건을 사고 작은 사업을 지원하려고 노력한다. 나는 대규모 체인점에서는 거의 외식을 하지 않으며 식당 종업원이 하는 일에 비해 제대로 인정받지 못한다고 생각하기 때문에 식당에 가서 외식을 할 때면 팁을 두둑하게 남긴다. 나를 조금이라도 아는 사람은 내가 생맥주를 사랑한다는 것을 알고 있다. 나는 우리 동네에 있는 가족 경영의 작은 술 전문점에서 돈을 쓴다. 이곳에서는 근처 지역과 전국에 퍼진 여러 작은 양조장에서 만든 맥주를 팔고 있다.

나는 내 과거와 타협했다. 그리고 한순간의 만족을 위한 필요 없는 지출에 굴복하지 않은 일에 대해서 미래의 내가 현재의 나에게 진심으로 고마워하리라는 사실을 알고 있다. 특히 그 지출이 내가 추구하는 가치와 맞아 떨어지지 않을 때는 말이다. 바로 이런 방식으로 나는 저축에 대한 내 생각을 바꾸었다. 나에게 정말로 중요한 것이 무엇인지 깊이 이해한 끝에 나는 내가 지출하거나 혹은 지출하지 않는 방식을 한층 손쉽게 통제할 수 있게 되었다. 매번 무엇을 구입할 때마다 "내가 정말 이것에 가치를 두고 있는가?"라는 질문을 스스로 던지는 일은 그리 실용적이지 않을지도 모른다. 하지만 미래의 내가 당근을 매단 막대기를 흔들고 있다는 점을 염두에 두니 확실히 도움이 된다.

그리고 어떤 것들은 앞으로도 절대 바뀌지 않을 것이다. 나는 언제나 사회적 약자의 편에 설 것이다. 그리고 어려운 환경의 사람들을 지지할 것이다. 나는 항상 내 친구와 고객을 가장 힘차게 응원하는 응원단원이 될 것이다.

How I Invest

4부

지식과 경험은 부를 키운다

My Money

퍼스 톨

Perth Tolle

무언가에 대해
내가 어떻게 느끼는가!

내 투자

퍼스 톨Perth Tolle은 '라이프+리버티 인덱시스Life+Liberty Indexes'의 창립자이다. 이 회사를 설립하기 전 퍼스는 로스앤젤레스와 휴스턴에서 피델리티Fidelity 투자회사의 개인 자산관리자로 일했다. 피델리티에 들어오기 전에는 베이징과 홍콩에서 일을 했으며 중국과 홍콩에서 살면서 관찰한 사실을 기반으로 자유와 시장 사이의 관계성에 대해 연구하게 되었다.

그는 투자 업계 학회에서 강연자로 자주 모습을 보이며 〈배런즈Barron's〉와 블룸버그Bloomberg, CNBC, 체더Cheddar, 마켓와치MarketWatch를 비롯한 여러 다양한 경제 매체에 해설가로 활약하고 있다. 라이프+리버티 자유 100 신흥시장 상장지수 펀드와 이에 속한 인덱스펀드는 2019년 ETF.com에서 수여하는 최고의 신규 국제적·세계적 주식 상장지수 펀드상과 올해의 인덱스펀드상을 수상했다. 퍼스는 자유 투자에 대한 연구로 2020년 〈웰스 매니지먼트Wealth Management〉지가 선정한 주목할 만한 10인으로 선정되었다.

투자를
도구로 여겨라

우리는 투자에 대한 견해를 형성하는 데 도움이 될 만한 지혜를 우버 기사한테서도 들을 수 있다. 몇 년 전 나는 오렌지카운티에서 운전기사였던 찰리 클라크Charlie Clark와 함께 시간을 때우기 위해 이런저런 이야기를 나누고 있었다. 그는 나에게 자신이 그웬 스테파니Gwen Stefani가 고등학생이었을 때 그녀의 노래 코치였다고 말했다. 그는 음악과 창작 과정에 대해 많은 것을 알고 있었다. 그가 한 말 중에 몇 가지는 내 머릿속에 오래도록 남아 있다.

"예술가는 무언가에 대해 자신이 어떻게 생각하는지를 전달하기 위한 방식으로, 또한 그것에 대해 어떻게 자신이 느끼는지를 전달하기 위한 방식으로 무언가를 창조한다."

"가사와 음표는 음악이 아니다. 종이에 적혀 있는 것은 추상적인 개념에 불과하다. 우리는 그 개념에 생명을 불어넣어야 한다."

이 점을 제대로 설명하기 위해 그는 프랭크 시나트라^{Frank Sinatra}의 노래를 자기만의 해석으로 바꾸어 부르기 시작했다. 사실 그가 말하는 핵심을 전달하기 위해 굳이 노래까지 할 필요는 없었을 것이다. 나는 이미 그가 무슨 말을 하고 있는지를 정확하게 알고 있었다.

나에게 투자는 지적이거나 과학적 활동인 동시에 창의적인 추구이자 표현의 방식이기도 하다. 나는 인덱스펀드를 통해 나 자신을 표현한다. 내 투자는 내가 무언가에 대해 어떻게 생각하는지를 전달하기 위한 방식이자, 또한 그것에 대해 내가 어떻게 느끼는지를 전달하기 위한 방식이다. 인덱스펀드를 만드는 일을 하는 사람으로서 내 사명은 다른 사람도 나와 같은 일을 할 수 있도록 여러 방법들을 창조해내는 것이다.

나는 내 개인적인 투자를 이 사명을 달성하기 위해 이용할 수 있는 도구라고 생각한다. 즉, 종이에 적힌 가사와 음표인 셈이다. 종이에 가사와 음표를 적어 넣는 일과 이를 음악으로 옮겨 악보에 생명을 불어넣는 일은 전혀 다른 일이다.

지금 내가 운영하는 인덱스펀드 회사를 시작하기 전에 나는 피델리티사에서 재무 상담사로 일을 했다. 나는 그 역할에 애정을 느꼈다. 하지만 피델리티에서 퇴사하기 직전의 시기를 지금도 분명하게 기억하고 있다. 나는 증권 거래 보고서를 살펴보고 있던 중에 내가 더 이상 돈을 버는 일이 의미가 없을 뿐 아니라 불필요한 지점에 도달했다는 결론을 내렸다.

그때 나는 내 회사를 시작하여 자유 투자에 생명을 불어넣고 싶다는 소명에 이끌리고 있었다. 피델리티 회사를 떠나는 일은 쉽지 않았다. 그 회사는 내게 마치 집과 같은 존재였고 게다가 상장지수 펀드 같은 새로운 사업을 시작한다는 것은 내게 극히 위험 부담이 큰 일이었기 때문이다. 하지만 나는 내면의 불길을 더 이상 외면할 수 없었고 여기에 도박을 걸어볼 가치가 있다고 판단을 내렸다.

그때 당시 내가 가지고 있던 저축과 투자 자금은 내가 도약하기에 충분한 재정적 안전망이 되어 주었다. 현재 내 포트폴리오의 목표는 내가 개인 재정 문제에 대해 걱정을 하지 않고 회사의 업무에 집중할 수 있도록, 지속가능한 비율로 계속해서 성장하는 것이다. 내 개인 자산 투자에서 나는 두 가지 상투적인 수법을 결합하여 사용한다.

첫째, 나는 전문 투자자이지만 나의 계좌를 등한시하는 경향이 있다. 대부분 나는 가능한 한 손이 많이 가지 않는 방법을 고수한다. 상장지수 펀드 혹은 인덱스 뮤추얼펀드 같은 것들이다.

둘째, 나는 내 회사에 크게 투자하고 있다. 내 투자는 우리 회사의 지표 선정에 기반을 둔 상장지수 펀드에 들어가 있으며 자유로운 신흥시장에 극단적으로 크게 치우쳐 있다.

투자 가능한 내 자산은 모두 네 개의 목표와 범주로 구분된다 (그리고 각각의 범주 안에서 자산을 배분하고 있다.).

1. 단기 투자/비상금(100% 단기 금융 시장)
나는 2년 정도 살 수 있는 생활비와 비상금을 단기 금융 시장에 투자하고 있다. 나는 아직 수익을 내지 못하고 있는 신생 회사를 운영하고 있기 때문이다. 나는 아직 우리 회사에서 급여를 받지 않고 있다. 이 돈은 내 회사가 수익을 낼 수 있을 때까지 내가 계속해서 꿈을 꿀 수 있게 해주는 비상금이다.

2. 일반 투자와 투자 기회를 얻기 위한 현금(50% 주식, 50% 현금)

이 계좌는 증권 계좌로 나의 핵심 전략과 거리가 먼 주식과 상장지수 펀드를 넣어둔다. 내가 좋아하고 신뢰하고 있는 회사가 있고 내가 전도유망하다고 생각하는 주제를 지닌 상장지수 펀드가 있다. 나는 이 계좌를 통해 동료가 만드는 독립적 상장지수 펀드 상품을 보유하고 있기도 하다. 상장지수 펀드 업계에서 내가 가장 마음에 드는 것 중 하나는 혁신적인 착상을 가진 뛰어난 사람들 옆에서 함께 일을 할 수 있다는 점이다. 그리고 그들의 상품이 주류가 되기 전에 이용할 수 있다는 점이다.

3. 은퇴 계좌(90% 주식, 10% 채권)

내 투자 범주 중에서 가장 큰 자산이 있는 곳이다. 대부분은 피델리티 401(k) 계좌에서 넘어온 것이다. 이 계좌에서 나는 극단적인 저비용의 피델리티 인덱스펀드들을 보유하고 있다. 미국 대기업과 중소기업의 주식으로 구성된 인덱스펀드들이다. 어느 시기가 되면 나는 이 펀드를 이와 비슷한 상장지수 펀드로 전환할 생각이지만 지금 당장 우선순위로 삼고 있지는 않다. 나는 이런 펀드를 전혀 거래하지 않기 때문이다.

　나는 아직도 계좌에 뮤추얼펀드를 가지고 있다는 점에서 상장지수 펀드계의 동료들에게 놀림을 받는다. 상장지수 펀드 업계의 사람들은 뮤추얼 펀드는 심지어 인덱스 뮤추얼 펀드조차도 시대착오적인 투자라고 여긴다. 하지만 개인은퇴 계좌에서 이만큼 비용이 낮은 펀드라면, 나는 이 정도는 허용할 수 있다. 나는 또한 몇몇 채권 펀드도 보유하고 있다. 그와 맞먹는 저비용 상장지수 펀드로 전환하는 것을 그만 잊어버린 펀드들이다.

　이를 제외하고 이 계좌의 큰 부분은 우리 회사의 지표 선정에 기반을 둔 상장지수 펀드, 자유 100 EM ETF(종목코드 FRDM)의 형태로 신흥시장 주식에 투자되어 있다. 이 투자는 내가 가진 전 계좌를 통틀어 장기적 투자의 절반 이상의 비율을 자치하고 있다.

　이 펀드에 적용하고 있는 자유도에 기반을 둔 신흥시장 전략이란, 개인의 자유와 경제적 자유를 측정하여 이를 기준으로 삼아 신흥시장 국가들의 가중치와 배분을 결정하는 전략이다. 자유도가 높은 나라일수록 가중치가 높아지며 자유도가 낮은 나라일수록 가중치가 낮아진다. 그리고 가장 자유가 없는 나라는 배제시킨다. 그러므로 가장 최악의 인권 침해국인 중국, 러시아, 사우디아라비아 같은 나라는 투자에서 제외된다.

　나는 신흥시장의 장기간에 걸친 성장 잠재력을 신뢰하며, 사람들의 자유가 그 성장을 견인하고 있다고 믿는 사람이다. 대부분의 다른 신흥시장 펀드는 시장 자본화 가중치에 따라 50%를 독재 정권

국가에 배분하고 있지만 나에게는 자유도 가중치 전략이 한층 합리적으로 느껴진다. 동시에 이런 펀드에 투자한다는 것은 나의 포트폴리오를 통해 자유에 대한 선호를 표현하는 방식이기도 하다.

이는 아주 공격적인 성향의 배분이며 내가 이 글을 쓰는 지금 코로나 사태로 인한 최저치에 대한 반등을 겪고 있는 중이다. 지난 마지막 몇 달 동안 나는 내 계좌의 투자에 있어 몇 번이나 현명하지 못한 행동을 할 뻔했다. 나를 말려준 것은 나보다 경험이 많고 제3자로서 감정에 휩쓸리지 않는 냉정한 입장에서 판단할 수 있었던 친구와 동료들이었다. 이것이 바로 우리가 신뢰하고 존중하는 사람에게 의지할 수 있는 이유이다.

자신의 투자 계획을 끝까지 관철시킨다는 것은 결코 쉬운 일이 아니다. 그리고 나는 그 일을 혼자 힘으로 해내라고는 추천하지 않는다. 내가 속한 업계에 대해 잘 알고 있는 투자 전문가가 주변에 많다는 점에서 나는 정말로 운이 좋다. 우리의 이야기를 잘 알고 있는 솜씨 좋은 재무 상담사는 대부분의 투자자에게 헤아릴 수 없을 만큼 소중한 존재이다.

이렇게 말을 하면서도 내가 결코 배분 비율을 줄일 생각이 없는 투자는 바로 자유 100 EM ETF 펀드이다. 이는 행동적 투자 요령이다. 당신이 믿고 있는 신념에, 당신이 확신을 가지고 있는 곳에 투자하라. 그렇다면 가장 최악의 시기에 파는 일을 피할 수 있다는 사실 하나만으로도 더 나은 결과를 얻게 될 가능성이 높다.

4. 자선 기부(20% 주식, 80% 채권)

나는 자선 기부 계좌를 사용하고 있다. 높게 평가된 주식을 현물로 기부하고, 기부 배급을 쉽사리 조정하는 한편, 각각의 기부금 수령 단체로부터 영수증을 받을 필요 없이 즉각적인 세금 혜택을 누리기 위해서이다.

오래 전, 내가 돈이 없었을 무렵 나는 구글이 중국 정부의 검열 제도에 대해 반발하고 나섰기 때문에 이에 대한 감사의 마음을 담아 구글 주식을 한 주 구입했다. 이 주식은 시간이 흐르면서 몇 배로 늘어났고 현물거래를 통해 이 계좌로 이전되었다. 현재 내가 보유한 주식 중 가장 높이 평가되고 있는 주식은 애플 주식이며 나는 이 중 몇 주를 기부할 계획을 세우고 있다.

이런 종류의 기부 계좌를 사용하는 데 있어 내가 주의하는 한 가지는 기부 배급을 미루고 싶은 유혹에 굴복하지 않는 일이다. 기부를 미루고 이 계좌에 계속 투자해두고 싶은 욕심이 생기기 때문이다. 하지만 이 유혹에 굴복한다면 기부 계좌의 목적 자체를 배반하는 셈이다.

기부 배급을 조직적으로 만들 수 있고 현물 기부가 가능하다는 특징도 좋지만, 우리가 기부를 하는 목표는 기부금을 받는 이들이 현실 세계에서 그 돈을 쓸 수 있도록 하기 위한 것이라는 사실을 명심하자. 이 계좌에 넣는 돈은 주로 단기간에 기부금으로 나가버리기 때문에, 나는 이 계좌에서는 보수적인 배분 비율(20:80)을 적용하고 있다.

여기에서는 내 개인적인 투자만을 이야기했다. 나는 내 자산과 유한 책임 조합원이 출자한 자본이 포함된 사업적 자산에 대해서는 이야기하지 않았다. 그리고 내가 지나치게 사사로운 투자라고 여기는 것들에 대해서도 이야기하지 않았다.

나는 우리가 무슨 일을 할 소명을 지닌다면 그 일을 할 능력 또한 갖추게 된다고 진심으로 믿고 있다. 그리고 그 일을 하는 과정에서 자신이 하는 일이 옳다는 확신을 얻게 될 수도 있다. 찰리와의 만남은 내가 그런 확신을 얻은 순간 중 하나였다. 그 후로 나는 투자가 일종의 자기표현의 수단이 될 수 있다는 사실을 깨달았다. 그리고 내가 단순히 종이 위에 음표를 쌓아올리는 것이 아니라 음악을 만들기 위해, 악보에 생명을 불어넣기 위해 지금 여기에 존재한다는 사실을 되새길 수 있었다.

조슈아 D. 로저스

Joshua D. Rogers

조슈아 D. 로저스Joshua D. Rogers는 고액의 순자산을 보유한 개인과 기관을 위한 전문 자산관리 서비스를 제공하는 회사인 아레테 웰스Arete Wealth의 창립자이자 CEO이다. 그는 이 분야에서의 20년이 넘는 경험을 바탕으로 전국적으로 30개가 넘는 사무실과 140명이 넘는 상담사를 이끌고 있다. 조슈아의 지휘 아래 아레테 웰스는 해가 갈수록 높은 수익을 올리고 있다.

재무 서비스 업계에 뛰어들기 전 조슈아는 혁신을 추구하기 위해 조지타운법학대학교를 중퇴하고 여러 특허 기술을 공동 개발했다. 조슈아가 특허를 받은 것 중에는 priceline.com의 탄생을 이끈 '당신이 사고 싶은 가격을 정하라.'라는 온라인 상거래 개념이 있다. 월 스트리트의 증권 중개 회사에서 두각을 나타낼 무렵 조슈아는 재무 쪽으로 방향을 선회하여 아메리칸 익스프레스American Express와 아메리프라이즈 파이낸셜Ameriprise Financial에서 재무 상담사로 일을 했다.

그는 메릴랜드주 아나폴리스의 세인트조지대학교를 졸업했고 현재 이 대학에서 겸임교수로 일하는 한편 학교의 재무 및 투자감사위원회를 감독하는 이사회의 일원으로도 선출되었다. 그는 개인적인 관심사에 열정을 기울이며 그곳에서 사업을 성공적으로 이끌어나갈 힘을 얻는다. 조슈아는 세계 여행과 저서 집필, 예술품 수집에 관심이 있다.

손실에
얽매이지 마라

나는 니체Nietzsche와 라 로슈푸코La Rochefoucauld를 본받아 격언풍으로 투자에 대한 글을 써보려 한다. 물론 격언풍 문체로 글을 쓰는 것은 위험을 품고 있다. 독자가 마치 문학 장르나 철학 장르의 책을 읽고 있다는 착각을 불러일으킬 위험이다. 우리는 격언이나 금언을 단순히 재미있는 유회로만 생각하고 싶어 한다. 격언풍의 말은 진지한 과학이 요구하는 연속적이고 체계적인 설명에 비해 별로 진지하지 못한 태도로 마구잡이로 떠올리는 단상이라고 생각되기 쉽다.

하지만 20년이 지난 후에도 여전히 내 기억 속에 자리 잡고 있는 가장 예리하고 진지한 철학적 통찰은 주로 격언풍으로 글을 쓰는 사상가에게서 나온 것들이다. 헤라클레이토스Heraclitus에서 시작하여 라 로슈푸코, 니체, 그리고 오늘날의 세계에서는⋯ 트위터다! 요즘 같은 시대의 지혜는 트위터에 올릴 수 있을 만큼 짧은 격언으로

압축되어 표현되어야만 한다. 내 생각에 격언풍의 글은 겸손한 사상가들이 사용하는 양식이다. 기나긴 단락과 줄바꾸기도 하지 않는 문장들을 통해 독자들에게 길게 설교를 늘어놓는 대신, 격언은 굳이 설명을 하지도 않고 지시를 내리지도 않는다. 그저 한눈에 알아볼 수 있는 문장으로 자기 자신의 경험을 묘사할 뿐이다.

격언은 또한 그 자신을 지나치게 심각하게 여기지 않는다. 격언의 저자는 소크라테스의 말이 자신이 아는 전부라는 것을 알고 있다. 바로 자신이 아무것도 알지 못한다는 사실이다! 그러므로 독자는 내 격언풍의 글을 받아들여도 좋고, 넘어가도 좋다. 이 글은 투자에 대한, 그리고 한층 중요하게는 잘 사는 일에 대한 나의 생각일 뿐이기 때문이다.

어디에 투자하는가?

공공 시장은 정보 기술의 발달 덕분에 한층 효율적으로 돌아가게 되었다. 그 결과 정보에서 유리한 고지를 선점하는 일이 불가능해졌다 (합법적으로는 말이다). 그렇기 때문에 나는 정보에서 유리한 고지를 선점하는 일이 훨씬 쉽고 합법적으로 이루어지는 분야, 한층 덜 효율적으로 돌아가는 시장에 투자하는 일에 더 관심이 많다. 이런 종류의 시장으로는 다음과 같은 시장이 있다. 부동산(모든 하위 자산군), 개인 소유 기업, 벤처 캐피털, 순수 미술, 와인과 증류주, 시계, 수집가용 자동차, 골동품, 고미술품, 희귀 귀금속, 암호화폐 등이다.

워런 버핏은 "당신이 아는 분야에 투자하라."라는 유명한 말을 했다. 나는 이 말에서 한 걸음 더 나아가 "당신이 소유하고 싶은 것들에 투자하라. 당신이 연구하고 지식을 모으는 일에 열중하는 분야에 투자하라."라고 말하고 싶다.

나는 손으로 만질 수 있는 실물 자산에 투자하는 것을 훨씬 더 좋아한다. 특히 내가 살아가면서 그 자산을 어떤 식으로든 이용할 수 있거나 즐길 수 있다면 더할 나위 없다.

나 자신의 자산 배분을 살펴보면 가장 많은 자산이 들어가 있으며 단일 투자로 가장 규모가 큰 투자는 내 사업이다. 나는 지금까지 항상 S&P 지수처럼 내가 전혀 통제할 수 없는 것에 투자하기보다는 내가 통제할 수 있는 대상에 투자하는 편이 좋다고 생각해 왔다.

나는 버스에 탄 승객이 되어 다른 수백만의 승객과 함께 뒷좌석에 앉아 그저 버스가 사고를 내지 않기를 기도하고 있기보다는 자동차를 모는 운전사가 되기를 선택할 것이다.

나는 내가 사업에 투자한 결과 손실을 입게 된다면 나 말고 아무도 탓할 수 없다는 상황을 좋아한다. 하지만 우리가 공공 시장에 투자한 결과 일이 제대로 돌아가지 않는다면 우리는 우리의 통제 밖에 있는 온갖 종류의 다른 사람들과 요소들을 탓할 수 있다. 이런 방식은 인생을 대하는 데 있어 피해자 의식을 키우는 길이다. 이런 길을 피하라.

자신의 사업에 투자하고 난 다음에는, 혹은 투표권이 있는 이사회의 일원인 것처럼 어느 정도 통제권을 행사할 수 있는 사업에 투자하고 난 다음에는 부동산에 투자하라. 내 경험으로 부동산은 아주 장기간의 투자에서 부를 구축할 수 있는 두 번째로 신뢰할 수 있는 투자 방법이다.

나는 부동산의 하위 자산군을 직접 소유하고 있거나 유한 책임 조합원으로서 부분적으로 소유하고 있다. 내가 투자한 부동산의 종류는 다음과 같다. 독신자 주거, 다세대 주거, 농장 부지, 산업 유통 센터, 물품 보관 창고이다. 나는 거의 대부분의 부동산 투자에서 (특히 세금을 정산하고 난 후에) 뛰어난 수익을 올리고 있다.

당신이 사랑하는 자산에 투자하라. 내 경우 나는 시각 예술을 좋아한다. 나는 항상 미술사에 관심이 있었고 지금도 미술사를 연구하는 일이 즐겁다. 위대한 미술품과 함께 살아가는 일은 삶에 값을 매길 수 없을 정도로 아름다움을 부여하고 힘을 가져다준다. 여기에 더해 예술 시장은 크게 비효율적인 시장이므로 정보 습득에 있어 크게 유리한 고지를 선점할 수 있다.

예술품은 시장 상황이 어떤지와 관계없이 오랜 시간 동안 지속적으로 그 가치를 유지한다. 그리고 예술품은 엔젤 투자나 벤처 캐피털 이외에 자주 1,000%의 수익률을 올릴 수 있는 몇 안 되는 자산군 중의 하나이다. 이렇게 어마어마한 상승 잠재력에도 불구하고 예술품 시장은 놀라울 정도로 안정적이다. 1985년 이후 현대 미술 시장(경매 수준)에서는 연평균 7.5%의 수익률을 보여주었다.

나는 또한 아름다운 자동차를 사랑하고 훌륭한 품질의 와인과 증류주를 사랑한다. 이 분야의 투자에서는 큰 수익을 올릴 수 있을 뿐만 아니라 투자 대상에서 즐거움을 얻을 수도 있다. 어떤 회사의 주식이나 상장지수 펀드에 투자하면서 우리가 그 대상을 즐길 수 있다고 말할 수 있는가? 상장지수 펀드는 벽에 걸어 놓을 수도 없고, 마실 수도 없고, 운전할 수도 없다!

항상 시선을 미래로 돌리고 미래지향적인 회사나 새로운 자산군에 투자함으로서 얼마 되지 않는 기회를 잡아야 한다. 내 경우 실물 자산을 선호하는 경향과 프라이스라인Priceline을 공동 개발했던 인터넷 1세대로서의 경험이 바탕이 되어 3년 전 비트코인을 비롯하여 다른 암호화폐에 투자하게 되었다. 그다음 나는 블록체인과 암호화폐 분야의 전문가이자 사토시 원탁Satoshi Roundtable(블록체인과 암호화폐 분야의 개발자와 투자자들의 모임이다.-옮긴이)의 일원인 두 명의 동업자와 함께 암호화폐 헤지펀드를 시작했다. 비트코인은 지난 10년에 걸쳐 다른 자산과는 비교할 수 없을 정도로 가장 수익률이 좋은 자산이 되어 주었다.

베푸는 것의 법칙

개인 투자에 지나치게 집중하고 있는 사람은 (이를테면 하루 중열 번에서 스무 번 정도 자신의 포트폴리오를 확인한다든가 하는 정도의) 단기나 중기적 관점에서는 괜찮은 수익을 올릴 수 있을지도 모르지만 장기적 관점에서 자기 파괴적(포트폴리오/순자산의 관점에서)인 길을 가게 될 가능성이 높다. 그들은 지나치게 투자와 밀접하게 붙어 있으며, 지나치게 감정적이고, 돈을 손에 움켜쥔 채 놓으려 하지 않기 때문이다.

나는 디팩 초프라Deepak Chopra가 쓴, 1994년에 출간된 책《성공을 부르는 일곱 가지 영적 법칙The Seven Spiritual Laws of Success》에 나오는 원칙을 고수하는 방식으로 내 순자산을 불려왔다.

그중 두 번째 법칙은 바로 베풂의 법칙이다. 매일 당신이 마주치는 사람에게 선물을 주어라. 칭찬이든, 긍정적인 기운이든, 꽃이든 상관없다. 그리고 감사하는 마음으로 선물을 받아라. 배려와 가치, 정보와 감사를 주고받으면서 부를 계속 순환하게 만들어라.

돈과 부의 축적은 몸의 혈액 순환과 마찬가지로 작용한다. 어떤 사람이 시종일관 돈에 대해서 걱정하기만 하고, 위험과 손실에 집착하고, 또 인색하게 굴고, 베풀지 않고, 의심을 품고, 수수료에 신경 쓴다면, 이는 몸의 팔다리에 압박붕대를 감아 놓는 것과 다름없다. 그렇게 되면 제대로 된 혈액순환을 방해하게 되어 결국 팔다리를 잘라내야 하거나 죽음에 이르기 마련이다. 그렇게 하는 대신 돈을 움직이게 만들어라! 베풀어라. 투자의 위험을 감수하라 (그럼 보상을 받을 것이다.). 다른 사람도 돈을 벌 수 있도록 도와라. 당신이 좋아하고 신뢰하는 사람에게 투자하라. 이런 접근 방식을 통해 우리는 베풂과 긍정의 기운을 창조할 수 있다. 이는 좀 더 많은 순환과 풍요로움으로 이어지며 결국에는 풍부한 투자 수익으로 돌아오기 마련이다. (그뿐 아니라 영적인 보상을 받을 수도 있다.)

카르마는 '어쩌면' 부의 축적을 달성하는 일에 있어 중요한 역할을 할지도 모른다. 하지만 카르마는 '분명히' 부를 유지하는 일에 있어 중요한 역할을 한다.

세금에 대해서

미국의 세금 제도는 두 가지 종류의 투자에 굉장히 관대한 편이다. 사업 경영과 직접 부동산 투자·소유이다. (부동산 투자 신탁 회사나, 공공 시장에 나와 있는 부동산에 투자하는 유가증권은 해당되지 않는다.) 매매업자들이 정부와 싸우지 말라고 말하는 것처럼 나도 이렇게 말하겠다. "미국 국세청과 싸우지 마라. 그들의 흐름을 따르고 돈이 내게 흘러 들어오게 만들어라!"

투자 관련 수수료에 대해 고민하지 말고 세금에 대해서 더 많이 고민하라. 20%에서 35% 정도에 이르는 세금은 우리 투자를 방해하는 큰 걸림돌이 된다. 수수료는 가장 많이 나온다 해도 채 5%를 넘지 않는다.

결혼과 이혼에 대해서

우리가 할 수 있는 가장 훌륭한 투자는 결혼을 하기 전에 혼전계약서를 작성하는 일이다. 이혼은 (특히 자녀가 있는 경우) 미친 것처럼 돈이 많이 들기 때문에 몹시 좋지 않은 투자이다.

재무 상담사에 대해서

나는 20년이 넘는 동안 공인재무 상담사 직함을 달고 일을 해왔다. 월 스트리트는 토요타 캠리를 타는 사람들이 벤틀리를 모는 사람에게 어떻게 자산을 관리해야 하는지 조언을 해주는 유일한 장소이다.

나는 한 분야에서 전문가가 오래 일을 하면 할수록 점점 더 그 자신이 만드는 것, 혹은 취급하는 것을 즐기거나 소비하지 않게 되는 것이 자연스러운 현상이라고 생각한다. 그 결과 빵 먹는 것을 좋아하지 않는 제빵사가 있기 마련이고 채식주의자인 푸줏간 주인이 있기 마련이다. 내 경우에는 수십 년 동안 주식과 공공 시장을 분석하며 지내다 보니 이제는 주식이나 채권, 뮤추얼펀드, 상장지수 펀드에 투자하는 일은 지루하고 재미가 없다.

나는 투자에서 수수료를 최소화하는 일을 최우선 순위로 생각하는 사람치고 행복하거나, 심리적으로 안정되거나, 함께 있는 게 즐거운 사람을 아직 한 번도 만나본 적이 없다.

모든 이들에게는 재무 상담사가 있어야 한다. 꼭 그래야 하는 다른 이유가 없더라도 단지 당신보다 당신의 돈에 대해 덜 감정적으로 판단하는 자문 역할을 해주기 위해서라도 그렇다.

투자 심리

내 경험에 따르면 어떤 특정한 투자에 대해서 수많은 이들이 강렬하고 감정적으로 비난하면 할수록, 이는 그 부문에 투자해도 좋다는 신호이다. 이런 현상은 정확하게 지난 3년 동안 비트코인과 관련하여 내가 체험한 일이며 (그 기간 전체에 걸쳐 내 수익률은 500%에 달했다.) 2009년 초반에 다세대 주택 부동산을 구매했을 당시에도 내가 체험한 일이다.

손실을 기피하는 경향을 기피하라. 투자에서 손실과 마주했을 때는 값이 다시 회복하길 희망하면서 그 손실이 난 투자를 계속 유지하기 위해 포기해야 하는 기회비용을 계산해보라. 뛰어난 투자가는 손실이 난 투자에서 신속하고 냉정하게 손을 뗀 다음 바로 다음의 좋은 투자에 집중한다. 손실이 난 투자에 계속 매달려 있는 일 (혹은 손실을 본 사람들에게 필요 이상으로 지나치게 초점을 맞추는 일)이 우리 정신을 약하게 만든다는 것은 말할 필요도 없을 것이다.

정신에 힘이 빠지게 되는 일은 여러 가지 의미에서 우리에게 해롭다. 이는 다시 내가 앞서 말한 투자 원칙으로 돌아간다. 투자에 대해 정신적으로 느슨한 상태를 유지하라는 원칙이다. 유머 감각을 잃지 마라. 긴장을 풀어라. 많이 웃어라. 모든 투자에는 위험이 따르며 그러므로 언젠가는 손실을 입을 수밖에 없다는 사실을 인정하라.

나한테는 은퇴 후 햄튼스 해변에 있는 거대한 저택에서 살고 있는, 부유하고 나이 많은 사촌 형이 있다. 그는 내게 말했다. "나는 평생에 걸쳐 열 개의 사업을 시작했지. 내가 지금 부유한 것은 그중 여섯 개가 성공했기 때문이야. 나머지 네 개는 완전히 망해 버렸어. 그 말은 곧 단 하나의 벤처 사업이 성공하기만 해도 이 모든 차이를 만들어낼 수 있다는 뜻이야."

가장 신경을 안 쓰는 사람이 승리한다.

제니 해링턴

Jenny Harrington

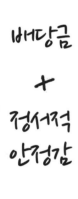

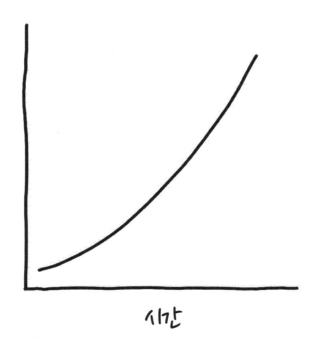

제니 해링턴Jenny Harrington은 길먼힐Gilman Hill 자산관리 회사의 CEO이며 이 회사의 주력 상품인 주식 수익 전략 포트폴리오의 관리자이다. 그녀는 〈하프타임 리포트Halftime Report〉와 〈월드와이드 익스체인지World Wide Exchange〉 등 CNBC 텔레비전에 출연하고 있다.

길먼힐 회사에 합류하기 전에 제니는 누버거 버먼Neuberger Berman의 부사장이자 포트폴리오 부관리자로 일을 했다. 그녀는 골드만 삭스Goldman Sachs의 투자 관리 및 주식 부서에서 재무 분석사로 일을 시작하며 처음으로 이 분야에 뛰어들었다. 컬럼비아대학교에서 경제학 석사를 받았고 홀린스대학교에서 문학학사를 받고 우등으로 졸업하며 파이베타카파Phi Beta Kappa의 일원이 되었다. 현재 홀린스대학교의 감사 및 재무투자위원회의 위원으로 일하고 있으며 코네티컷주에 있는 1784년에 지어진 역사적 고택에서 남편과 두 아이, 그리고 반려동물과 함께 살고 있다.

지불한 만큼
얻는다는 신념

나는 배당금 투자자이다. 개인적으로도 그렇고 직업적으로도 그렇다. 나는 고객을 위해서 사는 주식을 나 자산을 위해서도 산다. 그러나 어쩌면 나는 무리에서 홀로 떨어진 페이스북 주식을 가지고 있을지도 모른다. 주식이 상장가 이하로 거래되던 2012년에 구매한 주식이다. 그리고 어쩌면 트위터 주식도 몇 주 가지고 있을지도 모른다. 나는 2015년 빌 밀러Bill Miller가 트위터에 대해 놀라울 정도로 설득력이 있는 이야기를 한 이후 이 주식을 샀다. 하지만 내가 보유하고 있는 성장형 주식은 이게 다이다.

내 개인 포트폴리오에서 나는 공공 시장에서 거래되는 배당금이 높은 주식만을 소유하고 있다. 마흔네 살의 외향적인 성격의 사람이 흔히 갖고 있을 법한 포트폴리오는 아니다. 펀드 같은 것은 하나도 없고, 대안 투자도 없고, 채권도 없고, 오로지 주식뿐이다. 심지어 크게 성공을 거둔 친오빠의 아이스크림 회사 주식도 전혀 가지고 있지 않다. 돈 때문에 오빠와의 관계를 망가뜨릴 위험을 감수하고 싶지 않기 때문이다.

그 대신 나는 지속적으로 수입을 가져다주며 세금에 유리한 MLP(마스터합자회사의 조합 지분권)를 산다. 나는 또한 임대료를 걷어 투자자에게 나누어 주는 부동산 투자 신탁 회사를 좋아한다. 내가 투자하고 있는 회사들이 사분기마다 꼬박꼬박 내게 돈을 지불할 것이라는 사실을 알고 있는 것은 기분이 좋다. 그리고 내 수익이 다른 투자자의 종종 변덕스럽기 짝이 없는 회사의 '올바른' 가치 평가 인식에 따라 전적으로 좌지우지되고 있지 않다는 사실을 알고 있는 것도 기분이 좋다.

나한테는 베티라는 이름의 훌륭한 고객이 있었는데, 베티는 내게 아주 중요한 교훈을 알려주었다. 나는 30대 초반이었고 베티는 아흔두 살이었다. 그 무렵 나는 컬럼비아 경영대학원을 졸업한 지 얼마 되지 않은 병아리로 이상주의로 가득 차 있었다. 전부 주식으로만 구성된 베티의 포트폴리오 관리 임무를 떠맡자마자 나는 신중한 태도로 베티에게 포트폴리오에 채권을 포함시키자고 제안했다.

그때 베티는 말했다. "나는 아버지가 주식을 사 준 이후로 이 주식을 보유하고 있습니다. 그리고 그다음에는 남편과 내가 함께 주식을 구입했어요. 그리고 남편이 세상을 떠난 이후부터 나는 나 자신을 위해 주식을 샀습니다. 이 주식은 내가 계속 살아가기 위해 필요한 모든 수입을 계속해서 제공해주었습니다. 채권은 가치가 성장하지도 않고 수입을 가져다주지도 않잖아요. 왜 내가 주식 말고 다른 걸 가지고 싶어 하겠습니까?" 나는 개인적으로 장기적 투자 지평을 선호하고 수입을 중요하게 여긴다. 그렇기 때문에 나는 그때 이후로 자산 배분 문제에 있어 완전히 베티 학파의 입장을 지지하게 되었다.

내가 배당금의 신봉자가 된 것은 우연한 기회에 일어난 일이다. 2001년 나는 한 고객에게 전화를 받았다. 그 고객은 "이봐요, 젠. 나는 이제 은퇴할 준비를 하고 있어서 정기적 수입이 필요하게 될 겁니다. 하지만 아직 55살밖에 되지 않았으니 성장 부문도 놓칠 수가 없어요. 나를 위해서 무슨 일을 해줄 수 있습니까?"라고 말했다.

항상 양립할 수만은 없는 이 두 가지 목표를 달성하기 위해서 실제로 실현 가능한 접근 방식은 단 한 가지밖에 없었다. 나는 대부분 미국 주식으로 구성되어 있던 그의 포트폴리오를 배당금 수익률이 평균 5%가 넘는 배당금 수입 위주의, 그러면서도 장기적 관점에서 추가적인 자본 가치 상승의 가능성이 있는 포트폴리오로 재구성했다. 그 이후로 배당금 수입 투자에 대한 나의 깊은 사랑이 시작되었다.

나는 배당금이 주주에게 수익을 돌려주는 가장 순수한 형태의 체제라는 사실을 신봉하게 되었다. 투자를 통해 현금이 회사에 흘러들게 되고, 견실하게 사업 계획을 실행하는 뛰어난 기업 관리자는 그 현금 흐름의 일부를 투자자에게 직접적으로 돌려줄 수 있게 된다. 이 과정은 단순하여 이해하기 쉽다. 하지만 과연 어떤 회사가 성공적으로 사업을 실행할 수 있을지를 분간해내는 일은 항상 쉬운 것만은 아니다.

투자 철학에 대해서라면 나는 전 고용주인 누버거 버먼에게 가치 중점 투자 성향을 주입받았고 컬럼비아 경영대학원에서 브루스 그린왈드Bruce Greenwald와 함께 연구를 했다. 내 몸 안에 가치 투자의 저류가 흐르고 있다는 것은 그리 놀랄 일이 아니다. 그리고 배당금 수입에 중심을 둔 투자 방법은 이 사고 방식과 아주 조화롭게 교차한다.

가장 훌륭한 장기 투자 대상은 실제 가치보다 낮은 가격으로 거래되는 회사에서 찾아보기 쉽다. 이는 내게 아주 합리적으로 여겨진다. 이런 할인은 기회가 되어줄 뿐 아니라 안전망의 역할까지 해준다. 배당금 주식의 경우 실제적 가치는 미래 현금 흐름의 현재 순가치 평가를 통해, 그리고 미래 수익 성장 같은 요소와 멀티플 익스팬션multiple expansion 같은 변수를 고려하여 산정할 수 있다.

대부분의 사람들은 수입 투자에 대해 생각할 기회가 있다면 아마도 나이든 은퇴자가 지루한 회사에서 배당금을 모아들이는 모습을 상상할 것이다. 그들의 상상이 전적으로 틀리지만은 않다. 내가 투자하는 회사는 대부분 다양한 경제 주기에 걸쳐 지속적으로 현금 흐름을 생성해온, 역사가 오래된 원숙한 회사이다. 이를테면 AT&T, IBM, 버라이즌 같은 곳들로, 전부 35년이 넘는 시간 동안 꾸준히 배당금을 지급해온 회사이다.

칵테일 파티에서 재미있게 이야기를 나눌 수 있는 화제와는 분명히 거리가 멀다. 적어도 1985년 이후로는 그렇다. 그러나 배당금을 꾸준히 지불하는 주식에 투자하는 방식은 지성적인 관점에서, 그리고 감성적인 관점에서 나와 완벽하게 공명한다.

배당금 투자를 진심으로 지지하는 사람으로서 나는 배당금 투자가 사람들이 생각하는 것보다 훨씬 더 단조롭지 않고 역동적이다는 사실을 짚고 넘어가고 싶다. 실제로 내가 했던 투자 중 가장 좋은 투자는 전형적인 '배당금 주식'으로 여겨지지 않는 회사의 주식이었다. 이를테면 데이터 저장 공간의 제조업자인 웨스턴 디지털 Western Digital이 있다.

웨스턴 디지털의 상품 가격은 주기적으로 크게 변동하며 주가 또한 그에 따라 크게 달라진다. 하지만 3년이나 5년 정도, 조금 긴 기간을 염두에 둔다면 이 회사의 현금 흐름은 일관적이었고 2012년 처음 지급하기 시작한 배당금을 지속적으로 지불할 수 있는 능력을 충분히 갖추고 있었다. 주식시장의 변동성 덕분에 우리는 2017년 초반 배당금 2달러의 웨스턴디지털의 주식을 40달러의 가격에 구입할 수 있었다. 우리는 일 년 후 이 주식을 102달러에 매각했다.

내가 가장 좋아하는 또 다른 투자 중 하나는 제설기의 날을 제조하는 업체로 최고의 운영 능력과 관리 능력을 갖추고 있는 더글러스 다이내믹스Douglas Dynamics에 대한 투자이다. 이 회사에 대한 조사를 하던 중 우리는 일 년을 기준으로 볼 때 제설기 날의 판매가 들쭉날쭉해 보이지만 8년 주기를 기준으로 볼 때 판매에 놀라울 정도로 일관성이 있다는 사실을 알게 되었다.

더글러스사의 운영진은 이 8년의 주기에 따라 회사를 운영하며 배당금 정책을 관리한다. 2011년 늦여름 미국의 신용 등급이 낮아졌을 무렵 우리는 이 훌륭한 회사에 투자할 수 있었고 지금까지 7년 동안 이 회사의 주식을 소유하고 있으면서 한층 넓은 시장에서 이 회사의 능력이 서서히 인정받는 동안, 가치 상승으로 인한 이득을 한껏 즐기고 있다. 한편 그와 동시에 우리는 그 기간 동안 시장이 겪은 수없이 많은 부침과는 상관없이 지속적인 수입을 올릴 수 있었다.

나는 경제적으로 불안정한 가정에서 성장하는 동안, 큰 수입이 들어올 가능성을 핑계 삼아 수입 이상의 생활 수준을 정당화하는 경우를 수도 없이 보았다. 배당금 투자로 인해 지속적으로 수입이 발생한다는 단순한 사실 하나만으로도 나는 어느 정도 정서적 안정감을 느낄 수 있다.

시장이 호황일 때나, 불황일 때나 상관없이 내 포트폴리오에서 일정하게 수익이 발생할 것이라는 사실을 알고 있는 것만으로도 나는 마음의 안정과 자신감을 누릴 수 있다 (시장은 2008년과 2009년에는 경제 위기를 겪었고, 2011년에는 신용 등급이 하락했으며, 2013년에는 긴축 발작이 일어났고, 2015년과 2016년에는 원유가가 폭락했고, 2018년에는 돌발적 하락장이 있었으며, 지금은 코로나바이러스 위기를 겪고 있다). 우리 모두 잘 알고 있는 사실과 같이 고난의 시기에는 현금이 제왕이다.

나는 또한 나 자신과 회사에 크게 투자하고 있다. 2007년 딸이 태어난 이후로 나는 같은 보모를 계속 고용하여 우리 아이들을 맡기고 있다. 당시 나는 길먼힐 회사에서 이제 막 일을 시작한 참이었고 은퇴 계좌의 수익으로 지출을 막아야만 하는 처지였다. 하지만 나는 내가 하는 일에 완전하게 집중하기 위해서는 이런 종류의 보육 유연성을 확보하는 것이 유일한 해결책이라고 생각했고 보모를 고용하는 것을 우리 가족의 미래를 위한 아주 중요한 투자라고 판단했다. 고맙게도 이 투자는 기대했던 성과를 올려주었다.

나는 또한 길먼힐 회사에도 크게 투자하고 있다. 우리는 최상급의 (그리고 값비싼!) 체제와 차분하고 기능적인 사무실 공간을 갖추고 있으며, 지극히 능력이 뛰어나고 주의 깊게 뽑은 직원을 고용하고 있다. 나는 돈을 지불한 만큼 얻게 된다는 신념을 굳게 믿고 있기 때문에 최고의 사람을 고용할 수 있도록 아주 기쁜 마음으로 급여를 공정하게, 바라건대 후하게 지불하고 있다. 이 최고의 직원들이야말로 길먼힐을 번영하게 해주는 원동력이다. 나는 내 옆에 최고의 인력으로 구성된 팀이 있다는 사실을 알고 있기 때문에 자신감과 안정감을 느끼며 일을 해 나갈 수 있다.

How I Invest My Money

마이클 언더힐

Michael Underhill

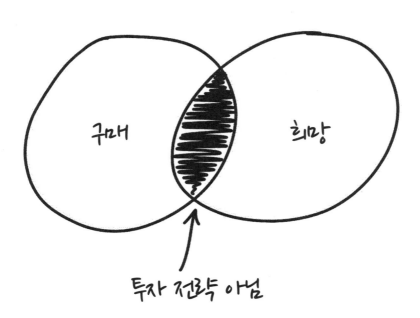

마이클 언더힐Micheal Underhill은 캐피털 이노베이션스Capital Innovations의 창립자이자 최고정보기술책임자이다. 그는 현재 광범위하게 적용되고 있는 몇 가지 비관습적인 포트폴리오 전략을 처음으로 구상한 사람이다. 그중에는 전 세계 상장 사회기반시설, 상장 목재, 상장 농기업, 실수익 자산 다각화 전략이 있다. 언더힐이 개발한 상품은 〈뉴욕 타임스〉, 〈연금과 투자〉, 〈기관 투자자〉 같은 잡지에 소개되었다. 언더힐은 선두적인 경제 잡지와 책에 자주 글을 쓰는 기고자이며 베스트셀러가 된 《사회기반시설 투자 안내서The Handbook of Infrastructure Investing》의 저자이다. 그리고 공인재무분석사 협회의 일원이기도 하다.

마이클 언더힐은 펜실베이니아주립대학교에서 통계학적 계량경제학을 중점적으로 공부하며 경제학 학위를 받았다. 그는 또한 페퍼다인대학교와 스탠포드법학대학교에서 대학원 과정을 수료했고 1998년 국제 학생 교류에 따라 델 살바도르 대학교(아르헨티나)에서 경제대학원 과정을 수료했다. 언더힐은 책임감 있는 투자 기반 시설 업무 분장에 대한 국제연합 원칙을 위한 운영위원회의 창립 일원이다. 또한 언더힐 암 연구재단의 창립자이기도 하다.

인플레이션의
압박에서 살아남기

　나는 펜실베이니아주의 피츠버그에서 다섯 남매의 막내로 자랐다. 아버지는 로렌스빌이라는 이름의 빈곤한 폴란드 이주민 동네에서 태어났다. 나는 아버지가 어떻게 힘겨운 고난을 딛고 일어나 이를 극복하고 살아 왔는지에 대한 이야기를 들으면서 성장했다. 그 중에는 1936년 성패트릭 기념일에 일어난 물 난리로 강 수위가 14미터까지 높아지는 바람에 우리 가족이 모든 것을 다 잃었다는 이야기도 포함되었다.

　아버지는 제2차 세계 대전에 참전한 미국 해병대의 퇴역 군인으로 전쟁 당시 태평양 지역에 복무하며 티니언섬과 사이판섬에서 있었던 전투에 참전했고 피 비린내 나는 타라와섬에서도 싸웠다. 말할 필요도 없이 우리 가족의 저녁 식사 자리에서 오가는 이야기는 온갖 군대 용어와 감탄사로 가득 차 있었다. 그에 더해 우리는 아프리카에서 사람들이 어떻게 굶주림에 시달리고 있는지, 그래서 가족 구성원 모두가 어떻게 빚이 아닌 자산을 생산해야 하는지에 대해 이야기를 나누었다. 바로 가계에 현금 흐름을 생성하는 일이다. 나는 일찍부터 성실과 불굴의 의지, 그리고 현금 흐름에 따라 자급자족하며 살아가는 능력에 값을 따질 수 없을 만큼 큰 가치가 있다는 사실을 배웠다.

나는 여덟 살 때 일요일 아침마다 가족이 운영하는 부동산 회사로 걸려오는 전화를 받으며 일을 시작했다. 우리 가족은 고객이 될 가능성이 있는 사람과 통화를 할 기회를 놓치지 않으려 했기 때문에 우리 집 주방에는 회사의 두 번째 전화선이 연결되어 있었다. 열 살이 되자 나는 비숙련 목수로 집의 틀을 짜는 업무에 배치되었다. 내 수학 능력이 고객 응대 기술보다 훨씬 나았기 때문이었다.

열두 살 때 나는 친구인 새미 록웰Sammy Rockwell을 공동경영자로 삼아 조경 사업을 시작했다. 우리는 막 사춘기를 겪고 있던 소년이었고, 이 사업의 이름을 'S&M 잔디 깎기 서비스'라고 붙였다. 우리는 트럭에 흥미로운 그림의 간판을 붙이고는 그 트럭을 몰고 이웃 동네를 돌아다녔고, 주부들은 충격에 빠진 표정으로 우리를 쳐다보았다.

열여섯 살이 되었을 무렵 나는 스코츠데일의 기다란 픽업 트럭을 구입했고 조경 장비를 추가적으로 마련한 끝에 첫 사업 계약을 따냈다. 십대 무렵 사업을 운영해본 경험을 통해 나는 자산 분배와 현금 흐름에 대해 값을 매길 수 없는 귀중한 교훈을 배웠다. 수익과 손실, 회계, 마케팅, 재무, 급료 관리, 장비 관리 유지, 일정 계획, 물류 같은 개념은 그저 교과서에 나오는 추상적인 사업 용어가 아니라 일상에서 쉽게 접할 수 있는 것이었다. 그리고 이 모든 것은 현금 흐름과 연관이 있었다.

나는 대학에 다닐 무렵 계량경제학 학위를 땄고 리먼 브라더스 Lehman Brothers에서 인턴 과정을 수료했다. 내가 리먼사에 있는 동안 이 회사는 아메리칸 익스프레스사와 합병된 끝에 증권 중개 업무에 집중하게 되었다. 나는 3년이라는 시간의 대부분을 증권 중개인이 소매 고객의 포트폴리오를 한층 더 잘 관리할 수 있도록 돕는 전략적 자산 분배 소프트웨어 프로그램을 만들고 실행시키는 데 사용했다. 그 일을 하면서 나는 시간을 쪼개어 지방채를 분석했다. 좀 이상하게 균형 잡힌 행동이었지만 잔디를 깎거나 다른 육체노동을 하는 것보다는 훨씬 나았다. 이곳에서 일하면서 배운 교훈들 또한 값을 매길 수 없었다. 위험과 수익을 평가하는 일, 면세 소득 원천, 등가과세소득 계산, 그리고 물론 현금 흐름이다.

리먼에서 돌던 옛말에 따르면 투자는 두 가지 신조에 기반을 두고 있다.

첫째, 개별 유가증권의 성과는 예측할 수 없다.

둘째, 유가증권으로 구성된 포트폴리오의 성과는 단기적으로는 예측할 수 없다. 예측할 수 있는 것은 현금 흐름이다.

리먼사를 나온 이후 나는 운이 좋게도 세계에서 가장 규모가 큰 자산관리회사 여러 곳에서 일을 할 기회가 있었다. (페더레이티드Federated, 제이너스Janus, 인베트코Invesco, 얼라이언스번스틴Alliance Bernstein 같은 곳이었다.) 2007년 나는 직접 회사를 차렸다. 캐피털 이노베이션스 유한책임회사이다. 우리 회사는 공공 시장과 개인 시장의 이원적인 렌즈를 통해 실물 자산 투자에 집중하고 있다.

사람들은 인플레이션에 대해 그리 걱정하지 않지만 나는 1900년부터 2019년까지의 시기를 분석한 결과 매년 연간 3%의 인플레이션이 일어났다는 사실을 발견했다. 이 숫자가 그리 크게 보이지 않는다면 생각해보자. 매년 2%의 인플레이션이 30년 동안 지속되면 구매 능력이 45% 감소한다. 그러므로 인플레이션은 모든 투자자에게 '장수'라는 위험 요소를 가져온다. 즉 자신의 재무 원천보다 더 오래 살게 될 가능성, 은퇴자가 자신이 보유한 자금을 다 쓰고 난 다음에도 오래 살게 될 가능성이다.

각기 다른 자산군이 어떤 성과를 올리게 될지에 대해서는 수없이 많은 인자가 영향을 미친다. 하지만 그중에서 가장 근본적인 인자 두 가지는 경제가 성장 혹은 수축되는 속도, 그리고 인플레이션을 겪는지 디플레이션을 겪는지의 여부이다. 기관의 자산 배분 틀에서는 기본적으로 이 두 가지 인자에 대한 기대치를 반영하고 있으며 그에 따라 다음 네 가지 주요 범주에 어떻게 자산을 배분할지 결정하게 된다. 각각의 범주는 투자자의 포트폴리오에서 각기 다른 목적을 수행한다.

- 고정 수입: 자산을 유지하고, 변동성을 제한하고, 유동성을 제공하며, 예기치 못한 디플레이션에 대비한다.

- 절대 수익: 주식과 고정 수입 시장이 흘러가는 방향에 크게 영향 받지 않는 수익을 생성한다.
- 주식: 장기간에 걸친 가치 상승으로 인한 이익을 제공한다.
- 실물 자산: 예기치 못한 인플레이션에 대비하며 장기간에 걸친 총수익을 생성한다.

단순하게 보일지도 모른다. 하지만 오늘날 투자자들은 계속해서 2020년 코로나19에 대한 정부 대응 행동에 따른 정책들이 미치는 광범위한 영향에 대해 면밀하게 분석하고 있다. 여기에는 회계 정책과 전 세계 통화 정책이 있으며 미국 경제를 구하기 위한 노력의 일환인 또 한 차례의 경기 부양책이 포함되어 있다. 자산 분배자는 점점 높아지는 변동성, 불확실성, 복합성, 모호성을 고려하여 자산 배분 모델을 재조정해야 할 필요성과 마주하고 있다.

- 변동성: 통화 시장과 전 세계의 주식시장, 고정 수입 시장의 변동성, 그리고 안정적이고 예측 가능한 시장과 법규의 부재
- 불확실성: 지난 몇 달, 혹은 심지어 몇 주에 걸친 통화 정책과 회계 정책의 급격한 변동
- 복합성: 상장지수 펀드 영역이 넓어질수록 시장 위험도가 한층 높아진다. 소극적 투자 펀드로의 전환은 규모가 큰 몇몇 상품에 투자를 집중시킬 잠재력을 품고 있으며 그 결과 구조적 위험을 높인다. 몇몇 규모가 큰 소극적 투자 펀드 상품의 흐름이 시장에 영향을 주기 쉬워지기 때문이다. 반등과 반락이 한층 극단적인 성향을 띠게 된다.

- 모호성: 투자자는 자신에게 익숙하지 않은 상품에 손을 뻗거나 조사하기를 꺼린다. 그 결과 투자의 다양성이 제한된다.

지난 20년 동안의 인플레이션 관련 수치를 살펴보면 몇 가지 우려되는 유행을 찾아낼 수 있다.[6]

첫째, 상품이나 서비스 제공에 있어 정부의 개입 정도가 크면 클수록 시간의 흐름에 따라 가격이 상승했다. 반대로 정부의 개입 정도가 적으면 적을수록 가격이 하락했다. 이를테면 병원, 의료비, 대학교 학비, 보육비 등 정부의 지원과 규제가 크게 개입한 분야에서는 가격이 상승했다. 반면 소프트웨어, 전자제품, 장난감, 자동차, 의류 등 정부의 지원과 규제가 상대적으로 적게 개입한 분야에서는 가격이 하락했다.

둘째, 제조업 상품(자동차, 의류, 가정기기, 가구, 전자제품, 장난감) 분야는 시간 흐름에 따른 전체적인 인플레이션과 급료 인상률과 비교하여, 그리고 서비스(교육, 의료, 보육) 분야와 비교하여 가격이 크게 하락했다.

셋째, 무역이 가능한 상품은 국제적 경쟁이 심하면 심할수록 시간의 흐름에 따라 가격 하락 폭이 더 커진다. 이를테면 장난감, 의류, 텔레비전, 가정기기, 가구, 신발 같은 상품이다.

기관 투자자는 각기 연관성이 없는 부문에 골고루 투자하라는 권고를 받는다. 여러 시장 주기를 견딜 수 있도록 투자 포트폴리오

---

6. M. 페리의 자료, '오늘의 차트, 혹은 세기의 차트', 미국기업연구소, AEI.org.

의 위험을 낮추고, 변동성을 감소시키고, 다양성을 증대시키기 위해서이다. 이런 장점을 지닌 포트폴리오는 부침을 거듭하는 시장에 영향을 받지 않고 견딜 수 있으며 시장 조건이 변화할 때도 부문 배분을 움직이지 않을 수 있다.

개인적 투자에서, 그리고 직업적 투자에서 지난 몇 년 동안 나는 전체 자산에서 실물 자산(사회 기반 시설, 천연자원, 부동산)의 배분 비율을 10%에서 20%라는 이상적인 목표에 가깝게 하려고 노력해 왔다. 이 목표는 수입(현금 흐름)을 달성하고 장기적 총수익을 이끄는 동력으로서의 가치 상승 이익을 얻으며 인플레이션에 대비하기 위한 것이다.

인플레이션은 이 시장 주기 안에 다시 돌아올 것이다. 공격적이고 통합적인 통화 확대와 회계 정책은 통화 재팽창을 불러일으킬 것이다. 우리는 정책 결정자가 이 반응을 연장시킨 끝에 지난 30년 동안 인플레이션 완화를 도왔던 구조적 힘(기술, 무역, 경제 거물)을 붕괴시킬지 모를 높은 위험을 목격하고 있다. 인플레이션 압박은 극심한 형태로 나타나게 될 것이며 우리는 이에 대비해야 한다. 희망은 전략이 아니며 부인 또한 해결책이 아니다. 그리고 현금 흐름은 언제나 제왕이다.

How I Invest My Money

댄 이건

Dan Egan

돈의 가치

하인으로서

주인으로서

댄 이건^{Dan Egan}은 베터먼트^{Betterment}의 행동재무 및 투자 부서의 상무이사이다. 댄은 행동재무학을 이용하여 사람들이 더 나은 재무적, 투자적 결정을 내릴 수 있도록 돕는 일을 해왔다. 댄은 행동재무학에 대한 글을 여러 매체를 통해 출간한 작가이기도 하다. 그는 뉴욕대학교와 런던경영대학원, 런던경제대학교에서 행동재무에 대한 강의를 한다.

돈이 나의
하인이 되게 하라

내가 돈을 어떻게 투자하는가에 대한 이야기는 이 글을 읽는 당신의 관점에 따라 믿을 수 없을 정도로 지루하거나 혹은 도발적일 것이다. 내 투자는 돈은 언제나 나의 하인이며 주인이 아니라는 개념에서 시작된다.

왜 돈을 저축하는가?

나는 재무 설계의 관점에서 이야기를 시작하려 한다. 내가 저축하는 이유는 미래에 내가 지불할 여유가 있기를 바라는 어떤 것들(일반적으로는 지출)이 존재하기 때문이다. 나는 내가 무엇을 위해 저축하는지 인식하고 있기를 바라며 그 이유에 대해 관심을 기울이기를 바란다. 전반적으로 내가 저축을 하는 것은 미래에 여러 가지 일을 할 수 있게 되기 위해서이다. 그리고 여기에 더해 예상하지 못한 일이 일어났을 때 대비할 수 있기 위해서이다. 제대로 저축을 한다면 나는 다음 항목의 지출을 감당할 수 있을 만한 자산을 갖게 될 것이다. 여기에서 가장 최우선 순위를 소개한다.

무엇	비율	인적자본을 제외한 비율	주식 비율
인적자본	75%	-	-
은퇴	11%	47%	90%
집	6%	26%	-
자연 토지	3%	11%	-
비상금	2%	8%	30%
자녀의 대학 학자금	2%	6%	-
이전의 실수	1%	2%	100%

이제 각각의 항목들을 살펴보자.

인적자본

나는 이제 마흔 살이며 그리고 앞으로 20년은 더 일을 할 계획을 세우고 있다. 그러므로 내가 가진 가장 큰 자산은 수입을 벌어들이는 내 능력이다. 즉 내 시간과 노력을 돈으로 바꾸는 능력이다. 열여섯 살에 처음 일을 시작한 이래, 내 시간당 수당은 거의 10배 가까이 높아졌다. 이런 까닭에 나는 상당히 지속적으로 나 자신에게 계속해서 재투자하고 있다.

대학을 졸업한 이후 나는 빚을 지지 않고 석사 과정을 마치기 위해 2년 동안 일을 하며 돈을 모았다. 나는 여러 가지 프로그래밍 언어를 심지어 휴대전화 앱을 만드는 언어까지 배웠다. 그래픽 디자인, 사용자 조사, 데이터베이스, 버전 관리에 대한 수업을 들었다.

그리고 나는 소프트 스킬에도 공을 들였다. 코칭 기술, 더 나은 의사 소통자와 강연자가 되기 위한 피드백 기술, 미디어 훈련 같은 분야이다. 나는 이따금 논문을 쓰는데, 논문을 효율적으로 쓰고 싶기 때문에 전문 편집자를 고용한다. 편집자의 의견은 단지 그들이 편집한 논문의 질을 향상시키는 데 그치지 않는다. 그들의 의견 덕분에 내 집필 능력이 전반적으로 향상된다.

내가 여러 기술을 보유하고, 기술 수준을 높임에 따라 나는 내 회사 안에서, 그리고 회사 바깥에서 훨씬 더 많은 일을 할 수 있게 되었다. 내가 직접 무언가를 설계하고 제작한다는 뜻은 아니다. 하지만 내 기술을 통해 나는 문제를 분명하게 만들고, 이 문제를 해결할 수 있는 가장 빠른 길을 효과적으로 찾아낼 수 있었다.

마지막으로 나는 나와 가까운 분야에서 일을 하는 사람과 교류를 하는 일에 노력을 기울인다. 나는 나와 같은 일을 하는 행동재무 실무자를 사랑하지만 아마도 그들에게서는 많은 것을 배우지 못할 것이며 그보다는 나와 조금 다른 분야에서 일하는 사람에게서 훨씬 더 많은 것을 배울 수 있을 것이다. 다른 영역에서 일하는 사람을 만나는 일을 통해 우리는 서로의 지식과 경험을 나눌 수 있다. 이 말은 곧 내가 시간을 내어 내 영역에 직접적으로 속하지 않는 사람들에게 연락을 하고 그들과 대화를 나눈다는 것을 의미한다. 그러므로 현재 나의 가장 큰 자산은 나이다. 내 시간과 노력, 그리고 내가 이것을 어떻게 쓰는가이다. 바로 이 부문에 나는 내 관심의 대부분을 투자한다.

은퇴

아내와 나는 공동은퇴 계좌를 가지고 있으며 62세 즈음에 은퇴하는 것을 목표로 삼고 있다. 솔직히 말하자면 62세는 은퇴하기에 너무 이른 나이처럼 느껴진다. 우리는 두 사람 모두 창의적인 두뇌 노동 분야에서 일을 하기를 좋아하며 골프를 치지 않기 때문에 62살이 되었다고 해서 무언가 갑자기 크게 변할 것이라고는 상상하기 어렵다. 62세는 약간 보수적으로 잡은 목표이다. 만약 우리가 그렇게 이른 시기에 은퇴할 수밖에 없는 상황에 처한다면 그 상황에 충분히 대비되어 있기를 바라기 때문이다. 수많은 사람이 자신의 계획보다 일찍, 그리고 여러 가지 이유로 인해 생각했던 것보다 훨씬 더 적은 액수의 은퇴 계좌 잔고를 가지고 은퇴한다.

우리는 전통적인 401(k) 계좌와 로스 IRA와 과세 대상이 되는 계좌 몇 개를 가지고 있다. 여기 계좌에 들어 있는 자산은 90%가 주식에 투자되어 있다. 우리가 은퇴하기까지는 아직 오랜 시간이 남아 있기 때문이다. 나는 시장이 하락세일 때 내 포트폴리오에 채권을 약간 포함시키는 것을 좋아한다. 그리고 이 채권 때문에 장기적 안목에서 가치 상승으로 인한 이득을 크게 잃게 될 것이라고는 생각하지 않는다.

은퇴 자금 마련을 위해 세금에 따른 여러 가지 유형의 계좌를 사용하고 있기 때문에 우리는 전략적으로 각기 다른 자산군에 속한 자산을 각기 다른 계좌에 배치하여 우리가 은퇴 당시 손에 넣게 될 금액을 최대한으로 만들려고 노력한다. 이는 자산 배치라고 불리는 것으로 단순히 각기 다른 투자에는 각기 다른 수준의 세금이 붙고 각기 다른 유형의 계좌가 존재한다는 사실을 이용하는 것이다. 전반적인 배분을 보면 완벽해 보인다. 하지만 각 계좌 안에서는 세금을 최소화하기 위한 맞춤형의 배분을 적용하고 있다.

이 포트폴리오에 대해서는 아래에서 자세하게 이야기할 것이다.

집

나는 현재 우리 자산의 30%를 집에 투자하고 있다. 30년 동안의 고정 이자 대출을 받고 있으며 이를 천천히 갚아나가고 있는 중이다. 우리한테는 언제든 살 집이 필요할 테고 어쩌면 인생의 마지막 단계에서는 역저당을 잡히고 살아가고 있을지도 모른다. 하지만 나는 집을 유동 자산이라고는 생각하지 않는다. 우리는 "은행에서 집을 빌려 산다."라고 하면서 이 방식은 실제로 집을 빌려 월세를 내는 것보다 세금 면에서 조금 유리하다고 이야기한다. 하지만 실제로 집을 소유하고 있는 이유는 내가 우리 집의 네 벽 안에서 내가 하고 싶은 일을 마음대로 할 수 있기를 바라기 때문이다. 나는 집에 대한 투자에서 어떤 수익을 올리지 못한다 해도 전혀 상관없다.

자연 토지

나는 어린 시절 여름마다 체서피크Chesapeake의 캠핑장에 놀러가 텐트에서 지냈다. 우리는 지금 뉴욕에 살고 있기 때문에 자연과 좀 더 많이 접하게 되길 바라고 있다. 나는 내 딸이 단지 접해보지 못했다는 이유로 벌레나 야생 동물을 무서워하게 되길 바라지 않는다.

이 목표를 달성하기 위해 우리는 북부에 4만 평방미터에 달하는 토지를 구입했다. 토지를 구입하는 것은 집을 구입하는 것과는 '전혀' 다른 경험이다. 땅 자체는 집의 계약금 정도의 금액으로 살 수 있다. 감사 비용이나 간접비용 같은 것은 전혀 들지 않는다. 담보 대출도 없고 대출 승인도 없다. 우리는 그저 돈을 열심히 모아 땅을 샀다.

우리는 이 땅에서 캠핑을 할 계획이다. 어느 때는 해먹에서 잠을 자고 어느 때는 텐트에서 잠을 잘 것이다. 필요할 때는 기능성 오두막에서 잘지도 모른다. 완전히 자연에서 먹고 자는 캠핑이라기보다는 글램핑에 가까울 테지만 완전한 거주지라고는 말할 수 없을 것이다. 우리는 이곳을 깨끗이 정리하고 가꾸어 나가고 있으며 야외 샤워 시설이나 주방, 잠을 자기 위한 작은 건물, 공동 식당 구역을 마련하는 등 좀 더 쾌적하게 지낼 수 있도록 여러 가지 변화를 만들고 있다.

나는 이 토지 구매로 인해 금전적인 수익을 올릴 계획이 없다. 다만 앞으로 10년 동안 이곳에서 가족과 친구와 함께 추억을 쌓을 수 있고, 이곳에서 편안하게 쉴 수 있다면, 그것만으로도 더할 나위 없이 만족한다.

비상금

내가 인생 초반에 가장 먼저 한 일은 상당한 양의 비상금을 만들어 놓는 일이었다. 나는 생계를 유지해야 하는 압박에 못 이겨 마음에 들지 않는 대체 일자리에서 일하고 싶지 않다. 혹은 의료비 지출 때문에 내 가족의 생활이 망가지게 두고 싶지 않다. 무작위적인 불행이 닥쳐올 수 있는 가능성은 언제든지 존재한다. 그래서 나는 이런 고난을 헤쳐 나갈 수 있도록 튼튼한 완충 장치를 마련해두고 싶었다.

비상금은 80%가 채권이며 20%가 주식이다. 나는 장기간에 걸쳐 인플레이션이 일어날 가능성과 비교하여 현금이 주는 안정감이 별로 필요하지 않다. 만약 이 비상금을 쓸 일이 생기지 않는다면 나는 아주 약간의 안정감을 얻는 대신 수십 년에 걸친 인플레이션으로 인한 손실을 감수해야만 할 것이다.

기부

기부는 실제로 세금 혜택을 얻기 위한 것이다. 재무 설계의 일부로 우리는 매년 수입의 10%를 기부하는 것으로 되어 있다. 다만 현금으로 기부하지 않는다. (대부분은) 세금을 내야 하는 이득을 낸 주식을 기부한다.

베터먼트에서는 자동적으로 세금 공제를 위한 손실수확을 해주기 때문에 나는 시간이 지남에 따라 기준 가격이 낮게 설정된 주식을 보유하게 된다. 이런 주식을 매각하려 한다면 이에 대한 양도소득세를 물어야만 할 것이다. 이들 주식을 기부하면서 소득공제를 받을 수 있고, 양도소득세 납부를 피할 수 있다. 나는 기부를 통해 소득공제를 받는다는 목표를 유지한다. 기부는 대부분 주식으로 이루어진다. 기부를 할 때면 베터먼트에서는 내가 보유한 과세 대상 계좌 중에서 가장 높이 평가되는 주식을 뽑아주기 때문에 나는 세금을 최소화하면서 기부를 최대화할 수 있다.

포트폴리오의 투자

내 자산의 대부분은 베터먼트가 관리하고 있다. 베터먼트에서는 전 세계적으로 다각화된 저비용 상장지수 펀드로 포트폴리오를 구성하고 있다. 회사에서는 거의 모든 업무를 도맡아 해준다. 펀드의 투자 적격 심사, 포트폴리오 재조정, 유입과 유출 관리, 세금 공제를 위한 손실수확, 생애 주기에 따른 자산 배분 관리, 자산 배치 같은 일이다. 나는 돈을 저축하고 필요할 때 인출하는 것 말고는 크게 따로 하는 일이 없다.

펀드는 대개 뱅가드와 아이셰어로 나누어져 있다. 나는 내 돈이 어느 펀드에 들어가 있는지 열심히 확인하지 않는다. 펀드 선정 방식이 상당히 견고하다는 사실을 잘 알고 있기 때문이다.

그리고 그 밖의 자산으로는 한쪽으로 숨겨져 있는 슈뢰딩거 Schrödinger의 투자가 있다. 바로 회사에서의 옵션이다. 나는 달리 증명되기 전까지는 이들의 가치를 0달러로 산정해둘 계획이다. 운이 좋다면 예상보다 훨씬 더 많은 돈을 소유하게 된다는 아주 즐거운 고민거리를 떠안게 될 것이다. 솔직히 말하자면 그 돈으로 뭘 해야 할지 아직은 잘 모르겠다. 나는 이 돈이 생기지 않는다고 해도 전혀 상관없다.

투자에서의 자유

나는 자산관리회사에서 지금까지 오랫동안 일을 해왔다. 그리고 수많은 고객을 응대하면서 어떤 사실을 알아차렸다. 종종 사람들은 그들이 소유한 돈과 물건에 의해 지배당한다. 자신의 자산을 관리하고 신경 쓰는 데 자신의 일생을 허비한다. 돈을 통해 걱정과 불안으로부터 자유로워지기는커녕 자신이 소유한 자산 안에 자신의 감옥을 짓고 그 안을 장식한다. 그리고 그 자산을 잃을 두려움 때문에 그 감옥에서 나오지 못한다.

돈을 대하는 내 태도의 큰 부분은 이 사실에 대한 반동에서 유래한다. 돈은 뛰어난 하인이며 무시무시한 주인이다. 우리는 돈이 얼마나 큰 기쁨을 가져올 수 있는지, 돈으로 어떤 어려움을 해결할 수 있는지에 대해서만 신경 써야 한다. 그 밖에는 돈에 대해 가능한 한 관심을 쏟지 않아야 한다.

How I Invest

5부

돈이 있어야 행복하다

My Money

하워드 린드존

Howard Lindzon

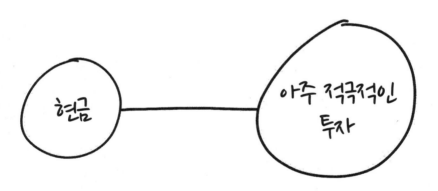

하워드 린드존Howard Lindzon은 토론토에서 태어났으며 현재는 애리조나주의 피닉스에서 아내와 두 자녀와 함께 살고 있다. 그는 웨스턴온타리오대학교와 애리조나주립대학교를 졸업하고 미국국제경영대학원에서 대학원 과정을 수료했다.

하워드는 개인 재무와 혼자 하는 투자의 혁신에 초점을 맞추고 있으며 그가 운영하는 회사인 소셜 레버리지Social Leverage를 통해 신생 회사에 투자를 한다. 그는 스톡트위츠의 공동 창립자이자 회장이다.

하워드는 블룸버그와 CNBC를 비롯하여 여러 경제 매체에서 인터뷰를 했으며《월스트립의 강점The Wallstrip Edge》과《스톡트위츠의 강점The StockTwits Edge》,《애플 다음은The Next Apple》,《8세에서 80세까지: 누구나 편승할 수 있는 1,000% 주식과 유행8 to 80: The Next 1,000% Stocks and Trends Everyone Can Ride》을 쓴 저자이다.

나만의 포트폴리오를
짜야 한다

나는 벤처 투자가로서 매일 일을 하면서 많은 위험을 감수한다. 내 회사에서 나는 공동 경영자와 함께 아직 씨앗 단계에 있는 소프트웨어 회사에 투자한다. 나는 재무 기술 신생 회사에 초점을 맞추고 있다. 내가 씨앗 단계에서 투자를 한 회사들 중에 들어봤을 법한 회사와 브랜드로는 로빈후드Robin Hood, 이토로eToro, 와이차트Ycharts, 코인핀Koyfin, 랠리로드Rally Rd 같은 것들이 있다.

나는 또한 스톡트위츠의 공동창립자이기도 하다. 그러므로 내가 개별 주식을 좋아하고 인덱스 투자를 별로 좋아하지 않는다는 사실이 크게 놀랍지는 않을 것이다. 나는 수동적 투자 관리라는 것이 존재하지 않는다고 믿는다. 만약 매월마다 인덱스펀드에 얼마씩 돈을 불입한다고 한다면 당신은 적극적 투자자이다. 다만 적극적 투자 관리 업무를 뱅가드나 블랙록Blackrock 같은 회사에 떠넘겼을 뿐이다. 내 유동 순자산은 대부분 소셜 레버리지 펀드들의 투자에 사용되고 있다. 나는 또한 다른 벤처 캐피털 펀드에도 투자를 하고 있다. 아내와 나는 부동산도 소유하고 있으며 이는 소셜 레버리지를 제외하고 우리 자산 중 가장 액수가 큰 투자이다.

또한 나는 찰리 비렐로Charlie Bilello와 함께 '컴파운드 캐피털 어드바이저스Compound Capital advisors'라는 재무 상담 회사를 공동운영하고 있다. 찰리는 또한 우리의 시장 자산 배분을 관리해 주는 재무 상담사이기도 하다. 우리는 공동경영자로서 적어도 일주일에 한 번 이상 만나 시장에 대해 이야기를 나누며 적어도 한 달에 한 번 이상은 자산 배분에 대해 의논한다.

찰리는 저비용 상장지수 펀드(뱅가드, 슈왑Schwab)를 이용하여 고객의 포트폴리오를 구성하고 티디 아메리트레이드TD Ameritrade를 이용하여 관리한다. 찰리는 자산관리 분야의 유행에 대해 글을 써 왔으며 또한 몇 년 동안 포트폴리오를 구성해 왔다. 찰리는 고객을 만나 그들의 위험 감수도와 필요에 대해 이해한 다음, 저비용의 단순한 포트폴리오를 만든다. 찰리는 또한 좀 더 전술적인 포트폴리오를 만든 적도 있다.

사람들은 제각기 다른 위험 감수도와 필요를 가지고 있으며 이는 또한 그 사람이 어떤 시기를 거치고 있는가에 따라 달라지기 마련이다. 내 딸은 이제 막 대학을 졸업했고, 졸업하자마자 직장에 다니기 시작했다. 내 아들은 대학에 가지 않고 일을 하고 있다. 아내와 나는 자식을 독립시켰으며 최근 들어 아내는 부동산 분야에서 일을 시작한 참이다. 우리는 현금 흐름에 대한 어떤 걱정도 없기 때문에 투자에 있어 아주 공격적으로 나설 수 있다.

현재 내가 공공 시장에 투자를 하지 않는 이유는 재무 서비스 분야에서 일하는 동안 이 분야에 대한 경험을 엄청나게 쌓아 올렸기 때문이다. 장기간에 걸쳐 제너럴리스트가 되기는 어려운 일이며 (적어도 내 생각에는 그렇다.) 그것은 우리 각각의 고유한 네트워크와 관련이 있다. 상승 시장에서라면 제너럴리스트도 잘해 나갈 테지만 시장에서는 경기 후퇴, 하락 시장, 유동성 부족 같은 일이 일어나기 마련이다. 이 업계의 경험을 충분히 가지고 창업자와 그 회사가 하락 시장에서 살아남아 성공을 거둘 수 있도록 도울 수 있다는 것은 분명히 강점이다. 이런 강점이 필요 없다고 한다면 그것대로 좋은 일이다.

내가 공공 시장에 투자를 하지 않는 또 다른 이유는 사적 시장에서 나만이 할 수 있는 투자 기회가 풍성하게 흘러 들어오기 때문이다. 월스트립과 스톡트위츠를 시작한 사람으로서, 그리고 로빈후드와 이토로를 씨앗 단계부터 투자한 사람으로서 나는 일종의 흐름을 가지고 있다. 재무 기술 창업자가 나를 찾아내는 것이다.

나는 분명히 내 블로그를 통해 그런 기운을 풍기고 있는 것이 틀림없다. 스톡트위츠와 트위터에서는 나를 쉽게 찾아낼 수 있으며 매일 나는 내 블로그에서 우리가 어떤 투자 대상을 찾고 있는지를 공유한다. 우리가 무엇을 찾고 있는지 분명하게 아는 것은 분명히 강점의 일부이다. 이 강점 덕분에 나는 매일같이 블로그에 글을 쓰고 있으며 차이를 만들기에 충분할 만큼 한 발 앞서 나갈 수 있다.

내 동업자인 게리Gary는 사업체를 네 개 보유하고 있는데, 하나는 주식 상장 회사이고 마지막으로 손에 넣은 회사는 그가 4년 동안 일했던 세일스포스Salesforce를 통해 구한 것이다. 게리는 현대의 기업 소프트웨어에 대해 잘 알고 있으며 어떻게 팀을 꾸리고 상품을 배치하는지에 대해 잘 알고 있다.

우리 집에 대한 투자와 소셜레버리지의 투자, 그리고 다른 개별 투자들과 컴파운드의 찰리에 대한 투자는 우리 순자산의 90%를 차지하고 있다. 벤처 캐피털 투자자로서 내 직업이 갖는 높은 위험도와 비유동적 속성 때문에 나는 남은 유동 순자산에서 현금을 높은 비율로 소유하고 있는 경향이 있다. 나는 채권에는 전혀 투자하고 있지 않다. 이자가 0인 세계에서 채권에 의미가 있다고 믿지 않는다. 적어도 나한테는 그렇다. 마지막으로 주식 종목 선정과 배분 문제가 있다. 나는 주식 종목 선정에 있어서도 매우 공격적이다.

현재(2020년 5월) 내 포트폴리오는 베타계수가 높은 주식으로 구성되어 있으며 거의 대부분 디지털과 클라우드 기반의 주식에 투자되어 있다. 나는 현재 50%를 주식으로 50%를 현금으로 보유하고 있기 때문에 S&P 지수를 이길 수 있다는 생각이 들 만큼 충분히 베타계수가 높은 종목에 투자할 수 있다. 또한 변동성지수가 30 이상으로 올라갈 때 주식에 투자하기 위한 현금을 가지고 있다. 2020년에는 항상 변동성지수가 30이상인 것처럼 보인다!

나는 몇 가지 기준에 따라 주식을 선정한다. 회사가 아주 빠른 속도로 성장해야만 하며 주가는 대체적으로 사상 최고치에 가까워야 한다. 2020년 5월 이 기준은 나스닥에 상장된 거의 모든 주식에 부합된다.

한편 내가 몇 년 동안이나 계속 보유하고 있으며 앞으로도 오랫동안 보유하기를 바라고 있는 주식이 있다. 이들 주식은 여덟 살짜리 아이와 여든 살의 할아버지 모두에게 없으면 불편한 제품을 생산하는 회사의 주식이다. 현재 내 포트폴리오의 목록에는 다음과 같은 회사가 올라 있다. 줌, 아마존, 비트코인, 넷플릭스, 나이키, 텐센트, 쇼피파이, 구글, 애플, 마스터카드, 맥도널드, 페이스북이다.

내가 하는 투자를 따라 하기는 쉬운 일이다. 나는 스톡트위츠와 개인 블로그 howardlindzon.com를 통해 내 포트폴리오를 실시간으로 공유하고 있다.

How I Invest My Money

라이언 크루거

Ryan Krueger

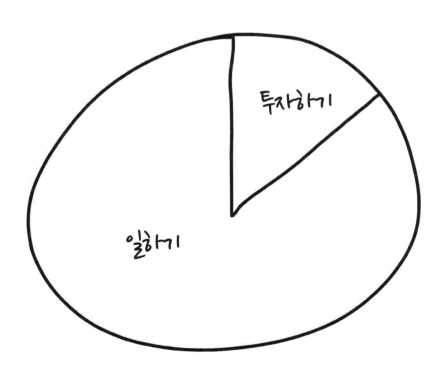

라이언 크루거Ryan Krueger는 '크루거 앤드 카탈라노 캐피털 파트너스Krueger & Catalano Capital Partners'의 공동창립자이자 최고경영자이다. K&C는 텍사스주 휴스턴에 자리 잡은 독립 투자 설계와 개인 자산관리 회사로 2006년 처음 문을 열었다. 가족이 소유하고 운영하고 있는 이 회사는 미국 전역에 걸쳐 여러 가족을 위해 일하고 있다.

이 회사를 창립하기 이전에 라이언은 시티그룹에서 선임 포트폴리오 관리자로 근무했다. 오스틴의 텍사스 대학교를 졸업한 후에 1996년 이 회사(우편물실)에서 처음으로 일을 시작했다. 라이언의 행운의 순간은 가장 친한 친구인 킴이 그의 청혼을 받아들인 순간이다. 라이언과 그녀는 다섯 명의 자녀와 두 마리의 개와 함께 모든 축복의 순간들을 소리 높여 즐기려고 노력하며 살고 있다.

멈추지 말아야
할 일

나는 주식시장과 흔치 않은 관계를 맺고 있다. 열세 살 무렵 아버지에게 내가 고를 수 있는 주식을 열 주가량 사 달라고 부탁한 이후 나는 계속해서 주식에 투자하고 있다. 테이프를 되감아 왜 내가 그토록 주식에 흥미를 가졌는지를 되짚어 보면 어떤 깨달음의 순간이 있었던 것도 아니었고 초반에 주식으로 돈을 크게 벌었기 때문도 아니었다. 어쩌면 그게 나의 행운이었는지도 모른다. 나는 해답을 얻기보다는 지속적으로 질문에 도전하는 것을 즐기는 사람이기 때문이다.

나는 부모님을 졸라 처음으로 여름 방학 동안 일을 한 끝에 투자에 사용할 돈을 벌 수 있었다. 부모님이 가르쳐준 가장 중요한 투자 교훈은 내가 투자할 돈을 직접 벌게 만든 것이었다. 심부름 값이나 용돈 같은 것은 전혀 없었다. 나는 그때부터 매 여름마다 일을 했다.

나는 악마가 투자자에게 부린 가장 이상한 조화는 투자자에게 가장 중요한 것은 투자라고 생각하게 만든 것이라고 생각한다. 실제로 돈을 불리고, 삶의 목적을 수행하는 데 가장 중요한 것은 일을 해서 돈을 버는 것이다.

내 머릿속에서 투자란 어떤 것을 어디에 둔 다음 일이 잘 되어가기를 바라는 것이 아니다. 어느 누구든 열심히 일을 하면 돈을 어느 정도 저축할 수 있고, 이 저축한 돈을 다른 사업에 투자하여 이 돈이 밤낮으로 자신을 위해 일하게 만들 수 있다.

우편함 돈

나는 현재 투자 관리 및 재무 설계 회사를 운영하고 있지만 여전히 주의 깊게 수학적 계산을 하고 좀 더 많은 질문을 던지는 조사 업무를 좋아한다. 책임을 돌릴 사람이 오직 자신밖에 없으며 엄격한 매도 원칙을 적용하고 있다면 문제를 해결하기란 한층 쉽다.

이 일은 나에게는 전혀 투자처럼 느껴지지 않으며 운영 체계를 조정하기 위해 질문을 던지는 과정처럼 느껴진다. 다음에 무슨 일이 일어날지 모른다는 확신이 있기 때문에 나는 신이 나서 계속 이 자리로 돌아온다. 나는 예전부터 항상 호기심이 많았다. 하지만 투자 회사를 설립한다는 것은 여기에 지도 원칙을 덧붙이는 일이었다. 항상 호기심을 가져라. 절대 납득하지 마라.

조사 업무에서 어려운 일은 대부분의 회사를 배제하기 위한 목적으로 회사를 평가하는 일이다. 이 과정은 데이터에 대해 계속해서 더 많은 질문을 던지는 반복적인 작업이어야 한다. 내 기준은 단순하다. 주식 종목 선정 과정과 원칙은 포트폴리오가 100% 주식으로 구성될 수 있을 만큼 견고해야 한다는 것이다. 이 모든 것이 시작되었을 때 내가 그저 유별난 어린아이였다면 지금의 나는 가장 이상하기 짝이 없는 공룡일 것이다. 여전히 개별 종목 주식의 비율이 높은 포트폴리오를 가지고 있다. 하지만 나는 집중보다 분산이 더 위험이 크다고 믿는다. 그리고 지나친 자산 배분은 분산화 전략이 아닌 위험화 전략이라고 생각한다.

나는 어떤 회사의 진정한 주주라면 응당 그래야 하는 것처럼 배당금을 받는 일을 좋아한다. 나는 배당금을 우편함의 돈이라고 부른다. 어떤 회사를 평가하기 위한 최고의 기준은 이것이다. 이 회사는 점점 증가하고 있는 현금 흐름을 생성하고 있는가? 이 기준은 우리의 투자 설계에도 똑같이 적용될 수 있다. 투자 설계는 사업처럼 취급되어야 한다. 손에 들어오는 현금 배당금은 투자자가 가장 알기 어려운 질문 즉, 어떤 것이 실제이며, 어떤 것이 실제가 아닌지의 질문에 대한 대답이 된다.

점점 규모가 커지는 현금 흐름을 만들어내면서 배당금을 더 많이 지불할 수 있는 회사는 바로 이와 같은 이유로 인해 몇 백 년 동안 유지되어 왔다. 이 협력 관계의 어느 한쪽이 일을 복잡하게 만들려고 노력할 때 투자는 혼란스러워지거나 나쁜 쪽으로 흘러간다. 직접 주식 투자자로서 내가 받아보는 우편함의 돈은 성장이나 수익이냐의

혼란스러운 논란을 잠재운다. 여기에는 오랫동안 지속된 한층 단순한 진실이 존재한다. 배당금은 수익의 성장이라는 목표를 달성한다는 진실이다.

위험이 없는 비상금

가족을 부양하기 위해서는 이 주식 기반 포트폴리오를 중심으로 하는, 원칙에 의거한 투자 설계가 필요하다. 나는 비상금을 투자라고 생각하지 않는 한편 항상 방어책을 마련해 놓아야 한다고 믿는다. 나는 보험에 들어 있고 면세 혜택이 있는 지방채와 현금으로만 구성된 계좌를 하나 가지고 있다. 나는 이 계좌의 채권을 거래하지 않으며 이자율을 예측하지도 않는다. 이 계좌에서 만큼은 그 어떤 위험도 감수하고 싶지 않다.

마음의 안정

내가 어떻게 투자하는지에 대해 가장 큰 영향을 미친 사람은 내 공동경영자인 마이크 카탈라노Mike Catalano이다. 마이크는 뉴욕에서 태어나서 자란 사람으로 나와는 공통된 배경이 전혀 없다. 우리는 세계에서 가장 큰 은행과 증권 회사에서 함께 일했으며 서로에게 없던 형제 같은 존재가 되었다.

2006년 우리가 팬케이크 식당에 함께 앉아 있었던 그때 우리에게는 복잡한 문제나 비상 대책, 컨설턴트나 회계사도 없었다. 우리한테 필요했던 것은 서로에 대한 신뢰와 종이 한 장과 동이 트기 전의 밝은 조명뿐이었다. 그날 우리는 월 스트리트를 벗어나 회사를 차리기로 결정했다. 우리의 '종이 한 장' 규칙은 여전히 회사의 모든 계획에 적용되고 있다.

뛰어난 공동경영자는 어떻게 우리의 돈을 투자할 것인가라는 질문의 해답을 어떤 식으로든 개선할 수 있는 사람이다. 마이크는 그 자신의 고유한 경험을 바탕으로 회사의 설계 부문을 이끌고 있으며, 나를 포함하여 고객의 마음의 평안 부문에 크게 기여하고 있다. 몇 년 동안 마이크는 가장 큰 계산기와 가장 날카로운 연필을 가진 보험 계리사와 함께 장수를 위한 재무 설계 문제를 고민해 왔다. 우리는 오래 사는 문제를 위험으로 여기는 현상이 마음에 들지 않는다. 오래 살 수 있다는 것은 분명히 궁극적인 축복이기 때문이다.

회사의 퇴직연금 제도를 위해 확정 급여라는 토끼굴을 몇 년 동안 파 내린 끝에 마이크는 모든 연금에 반하는 편견에 질문을 던졌다. 그리고 확정급여형 퇴직연금을 받기 위해 우리의 돈을 투자하고 싶은 연금 상품을 찾아냈다. 나는 마이크의 종합적인 업무 능력을 신뢰했고 현재 내가 그랬다는 사실에 만족하고 있다. 그 결과 내가 돈을 투자하는 마지막 계좌는 내 아내의 이름으로 된 평생 수입 연금이다. 이 계좌로 인해 나는 말로 표현할 수 없을 만큼 커다란 마음의 안정을 얻는다.

내 인생의 퍼즐에서 가장 중요한 조각이 완성된 것은 내가 계획했기 때문이 아니라 믿을 수 없을 정도의 행운이 따라 주었기 때문이다. 바로 내 아내가 내 청혼을 받아들여준 일이다. 아내는 예전부터 돈 문제에는 전혀 관심이 없었고 지금도 그렇다. 아내는 온 시간과 노력을 다섯 아이를 키우는 데 쏟아 붓고 있다. 나는 그저 '나만 믿어'라고 말하는 것 이상으로 아내에게 큰 빚을 지고 있다. 앞으로 나에게 운이 더 따라준다면, 계속 건강을 유지할 수 있다면 나에게는 아직 인생 절반이 남아 있을 것이다.

나는 앞으로 절대 은퇴하지 않게 되기를 진심으로 바라고 있다. 하지만 아내에게 우리의 계획에 대해 종이 한 장만으로 명확하게 설명하지 못한다면 무슨 일이 있든 간에 나는 실패한 것이다. 나는 아내가 보험에 들어 있는 평생 수입 연금에 대해 어떤 질문도 하지 않을 것이라는 사실에 만족하고 있다.

과소평가된 장점

나는 내가 전혀 알지 못하는 분야에서 겁이 나는 투자를 한 번 한 적이 있다. 나는 흙을 소유하고 싶었고 우리 회사의 운영 체제와 신념 체제에 깊이 뿌리를 내리고 싶었다. 독립 회사를 창립했을 당시 목표는 회사 건물을 소유하는 것이었다. 이는 아주 어리석고 값비싼 목표처럼 보일지도 모르지만 우리는 더 이상 월세를 내고 싶지 않았다. 오랫동안 이곳에서 사업을 하고 싶었기 때문이다.

내 유일한 조건은 우리 집과 아주 가까워야 한다는 것이었기 때문에 일은 한층 어려워졌다. 우리는 이보다 더 엉망일 수 없는 장소를 발견했다. 우리는 그 장소를 완전히 밀어버리기로 결정하고 맨땅 위에 회사 건물을 지었다. 나는 이 건물을 사랑하게 될 것이라는 사실을 알고는 있었지만 통근 시간이 6분밖에 걸리지 않는 것이 얼마나 삶의 질을 향상시킬 수 있는지에 대해서는 과소평가하고 있었다.

나의 웃음 지표 계좌

내게 매력적으로 느껴지는 유일한 사치는 더 많은 선택지를 갖는 것과 소중한 시간을 보내며 더 많이 웃는 것이다. 이 투자에서 내가 가장 좋아하는 배분은 아이들이 뛰는 스포츠 팀의 코치로 일하는 것이다. 나는 매 시즌마다 경기 비디오를 만든다. 프로미식축구연맹 필름에서 전문가를 고용할 수 있었던 것은 기적 같은 일이었다. 그 누구도 이들보다 이야기를 더 재미있게 만들어 주지 못하기 때문이다 (비록 나는 농구를 더 좋아하긴 하지만 말이다.). 그리고 나는 가장 훌륭한 극장을 빌린 다음 팀과 가족, 동네 사람을 모두 다 초청한다. 그리고 극장 뒤쪽에 서 있다가 극장 불이 꺼지고 나면 휴지를 들고 숨어서 혼자 엉엉 운다.

나는 이 비디오가 든 상자를 전 세계의 그 어떤 돈과도 바꾸지 않을 것이다. 그냥 하는 말이 아니다. 정말 어떤 액수를 제시해와도 바꾸지 않을 것이다. 허리케인이 닥쳐 두 차례나 집에서 대피해야 했을 때 내가 챙긴 것은 그 상자가 유일했다. 모든 경기가 참으로 훌륭하다. 경기 사이에 나눈 대화들은 한층 더 훌륭하다.

나는 그 대화를 두개골 시간이라고 부른다. 나는 우리 아이들과 그리고 우리 동네에 사는 다른 수많은 아이들과 함께 시간을 보내는 일을 좋아한다. 다른 이들과 추억을 만드는 사업보다 오래 지속되는 투자는 없을 것이다. 그래서 나는 이 계좌에 예금을 해두고 싶다.

내가 지금까지 한 가장 훌륭한 거래는 낮은 기대치를 깊은 감사의 마음과 맞바꾼 것이다. 나는 제대로 명상하는 법을 알지 못한다. 언젠가 배우게 될 날을 고대하고 있다. 지금 내가 하는 명상의 요령은 천천히 심장 박동을 늦추고, 눈을 감고, 감사하는 마음을 들이마시고, 몸이 들먹들먹할 때까지 숨을 멈추고 있다가 그다음 기쁨의 마음을 내쉬는 것이다.

나는 이 거래를 한층 탄탄하게 만들기 위해 우리 회사와 가족 외의 사람에게 의도적으로 투자하는 일을 좋아한다. 필요한 사람에게는 돈을 기꺼이 기부한다. 하지만 그보다 더 좋아하는 것은 일하고 싶어 하는 사람에게 투자하는 것이다. 이런 방식은 그들의 삶을 좀 더 장기적인 안목에서 변화시켜 준다.

처음 돈을 투자한 이래 나는 성실하게 일을 하는 부문의 투자를 가장 신뢰해 왔다. 일하고 싶어 하는 이들에게 동기를 만들어 주는 일은 내가 가장 좋아하는 배당금이다. 내 돈을 어떻게 투자하는가의 문제는 내가 유일하게 언명한 목표를 중심으로 돌아가고 있다. 바로 절대 멈추지 않는다는 목표이다.

레지타 레이니
브랙스턴
Lazetta Rainey Braxton

2050년의
성공

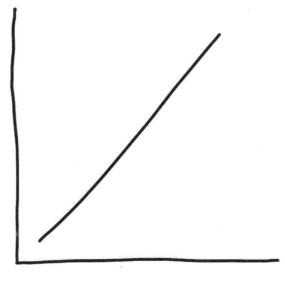

인적 자본에 대한 투자

레지타 레이니 브랙스턴Lazetta Rainey Braxton은 경영학 석사이자, 공인재무설계사로 2050 웰스 파트너스Wealth Partners의 창립자이자 공동 CEO이다. 레지타는 건실한 재무 설계가 단지 상위 1%의 사람만을 위한 것이 아니라고 생각하며 일반인에게 재무 설계를 접할 수 있는 길을 제공하는 것을 자신의 사명으로 여기고 있다. 레지타는 성공을 거둔 전문가와 자영업자, 샌드위치 세대와 함께 일을 하며 그들이 재무 토대와 유산을 쌓아 올리고 지켜나갈 수 있도록 돕는다.

레지타는 전국적인 인지도를 지닌 재무 전문가로서 NBC의 〈나이틀리 뉴스Nightly News〉와 CNBC의 〈클로징 벨Closing Bell〉에 출연했다. 또한 CNBC의 디지털 재무 상담 자문위원회의 일원이며 〈월 스트리트 저널〉의 재무 전문가 블로그에 글을 쓰고 있다. 재무 설계 분야에 대한 지도력과 헌신을 인정받아 〈투자 소식〉이 최초로 선정한 다양성과 포용성 분야의 주목해야 할 뛰어난 여성 명단에 이름을 올렸다. 또한 아프리카계 미국인 재무상담사 협회에서 '리더십 유산상'을 수상했고 재무설계협회에서 주는 재무 설계의 '심장상'을 수상했다.

돈도 간절해야
모은다

　나의 가장 최초의 투자는 나에게 한 투자였다. 재무 용어로 이런 투자 혹은 자산을 인적자본이라고 부른다. 인적자본은 우리의 기술과 지식, 경험을 활용하여 조직의 재정적 성공을 촉진하는 방향으로 조직에 가치를 부여하는 능력이다. 어린 시절 나는 이런 용어를 알지 못했지만 능력이 뛰어난 직원이 되는 일이 곧 돈을 버는 방법이라는 사실을 이해하고 있었다. 돈은 행복한 삶을 살아가기 위한 열쇠였다.

　어린 시절 집에는 항상 돈이 부족했고, 재무 투자란 것은 아예 존재하지 않는 개념이었다. 성실하게 일을 하며 나를 듬뿍 사랑해 주던 부모님은 이런 상황을 나에게 알려주는 데 주저하지 않았다. 부모님은 고등학교 졸업 후 일을 하기 시작했다. 아버지는 예전에도 건설 노동 일을 했고, 지금도 계속 그 일을 하고 있다. 어머니는 공장에서 일을 하다가 나중에 내가 성인이 된 후에 유자격 실습 간호사가 되었다. 고등학교를 다닐 무렵 나는 두 분이 버는 수입이 식구 다섯 명을 먹여 살릴 만큼 충분하지 않다는 사실을 금세 알아차렸다. 부모님은 부족한 수입을 메우기 위해 신용카드를 사용했다. 높은 이자의 신용카드 빚은 재무적으로 한 발 앞서 계획을 세울 수 있는 모든 기회의 숨통을 막아 버렸다.

열여섯 살이 되었을 때 나는 첫 일자리를 구했고 몇 주 안에 또 다른 일자리를 구했다. 나는 우리 가족의 재정적 부담을 어떻게든 덜어주기로 결심했다. 나는 선천적으로 의욕이 넘치는 사람이었기 때문에 일자리 두 곳에서 아르바이트를 하면서도 학업 성적이나 스포츠 활동 등에서 두각을 나타냈다. 고등학생 신분으로 인적자본을 쌓아가는 경험은 장래에 대학생이 되었을 때 큰 도움이 되었다.

우리 가족의 재정 형편 때문에 나는 개인 재무관리에 대해 내가 배울 수 있는 모든 것을 배우겠다는 집착을 품게 되었다. 내가 다닌 고등학교에서는 개인 재무 과목을 가르치지 않았다. 그래서 나는 내가 수학과 사업, 돈에 관심이 있다는 점을 고려하여 회계 과목을 선택했다.

고등학교 2학년일 때 나는 흑인 여성이 공인 회계사 면허를 땄다는 소식이 실린 신문 기사를 읽게 되었다. 내가 살던 버지니아 시골 마을에 전해진 이 역사적인 소식을 듣고 난 후 재무 업계에서 일을 하고 싶다는 결심은 더욱 단단해졌다. 나는 재무에 대해 배울 수 있고, 급여 수준 또한 높으며, 우리 가족의 재무 상태를 변화시킬 수 있는 직장에서 일을 하겠다고 결심했다. 하지만 어떻게 대학교 학비를 댈 것인지는 여전히 풀리지 않은 문제로 남아 있었다.

그때 디비전 II의 한 학교와 역사적 흑인대학교에서 농구선수를 위한 전액 장학금을 제안했다. 아버지는 우리 집의 재정 상황을 고려하여 장학금을 받고 대학에 가라고 강하게 권유했다. 하지만 나는 아버지의 충고를 따르지 않았다. 나는 그 제안을 거절하고 그 대신 디비전 I 학교에 진학하여 부유한 백인 학생과 함께 배우는 길을 선택했다. 나는 그들이 나에게 돈의 힘에 대해 알려주고 부유함으로 이르는 길을 가르쳐줄 수 있을 것이라 생각했다. 나는 그 지식을 우리 지역 사회에 적용하고 싶었다. 이 선택은 나를 위해서는 옳은 결정이었지만 내 주위 사람들은 내가 흑인대학교에 진학함으로써 내 흑인 정체성을 기리지 않았다는 이유로 크게 실망했다. 고등학교와 마찬가지로 대학을 다닐 때에도 나는 학비를 벌기 위해 일자리 두 곳에서 일을 했고, 한편 학교에서 요구하는 엄격한 학업 수준을 따라가기 위해 열심히 공부했다.

버지니아대학교의 매킨타이어 경영대에서 공부하기로 선택한 내 결정은 그만한 성과를 올렸다. 나는 나 자신에게 투자했고 바로 이 덕분에 나는 성공할 수 있는 기회를 잡을 수 있었다.

버지니아대학교를 졸업하고 1년 후 나는 지금의 남편을 만나 약혼을 하고 그다음 해에 결혼했다. 결혼은 당시 나에 대한 투자였으며, 지금은 우리를 위한 투자이기도 하다. 우리는 소비자 금융 대출과 학자금 대출 빚을 지고 있었으며 그 빚을 가능한 한 빨리 갚아버리기로 서로에게 굳게 다짐했다.

우리는 결혼 생활 초기에 이미 우리가 직업적 유연성에 대한 욕구를 지니고 있는 사람들이라는 사실을 깨달았다. 우리가 흑인이라는 사실, 그리고 다양성과 포용성 문제에 목소리를 높이는 사람이라는 사실에서 비롯되는 고용 위험을 생각한다면 당연한 욕구였다. 우리는 또한 우리의 부모에게 도움이 필요할 경우 재정적으로 지원하고 싶은 욕구도 있었다.

우리의 계획은 효과가 있었다. 우리는 4년 동안의 빚 청산 계획에 따라 빚을 다 갚았다. 결코 쉽지 않은 일이었지만 계획을 끝까지 고수했다. 우리는 한 사람의 수입으로만 생활을 꾸려나갔고 다른 한 사람의 수입으로는 빚을 갚거나 저축을 했다. 이 방법은 돈을 절약할 수 있다는 장점 외에 우리 결혼 생활의 탄탄한 토대가 되어 주었다.

우리는 자산을 불려나가기 위해 체계적인 방법을 도입했다. 대부분의 초보 투자자들과 마찬가지로 고용주가 제공하는 퇴직연금 계좌에 매달 돈을 넣으면서 고용주가 이에 맞춰 계좌에 넣어 주는 돈을 받기 시작했다. 우리는 또한 투자와 관련된 세법에 대해 가장 최신의 정보를 알고 있으려고 노력했다. 우리가 결혼한 해인 1997년 납세자 구호법이 통과되었고 이 법으로 인해 개인은 과세 유예 혜택의 퇴직연금 계좌를 세후 로스 개인은퇴 계좌로 전환할 수 있게 되었다. 그리고 이 전환으로 발생하는 과세소득을 과세연도 2년 동안 분산시킬 수 있었다. 나는 이 기회를 제대로 이용하여 전 고용주의 퇴직연금 계좌를 로스 개인은퇴 계좌로 전환시켰다.

401(k) 계좌에서는 고용주가 제공하는 투자 메뉴에 의존해야 했지만 로스 개인은퇴 계좌에서는 내 마음대로 투자를 선택할 수 있었다. 나는 사회적 책임 기업과 여성 소유 기업 펀드군, 도미니 Domini 펀드(사회책임투자 펀드이다.-옮긴이)를 선택했다. 이렇게 나의 투자처를 결정하고 나니 독립적인 여성 투자자로서 큰 힘이 생긴 것 같은 기분이 들었다.

1998년 나는 한 투자 관리 회사의 부이사이자 포트폴리오 관리자로 일하게 되었고 이 회사의 뮤추얼펀드에 투자하기로 결정했다. 이것은 우리 부부 최초의 공동 투자였다. 결혼한 지 2년 만에 우리는 저축 계좌와 빚 상환 계획, 과세 대상 투자 계좌, 그리고 각각의 로스 개인은퇴 계좌와 401(k) 계좌를 가지게 된 것이다.

우리는 남편과 내가 각각 강연이나 자문 사업으로 돈을 벌기 시작했을 무렵 개인 401(k) 계좌(i401(k))를 만들었다. 그리고 직장을 바꿀 때마다 전 직장의 퇴직연금 계좌를 과세 유예 계좌인 i401(k)로 합병시켰다. 하지만 로스 개인은퇴 계좌는 로스 i401(k)로 전환할 수 없기 때문에 그대로 가지고 있었다.

20년이 넘는 동안 함께 살아오면서 우리 부부는 적어도 6개월의 생활비를 넣어두는 목표를 가지고 저축 계좌의 돈을 다 써버리고 다시 채워 넣기를 반복했다. 이 계좌의 잔액은 몇 년에 걸쳐 우리가 계속해서 이사를 다니는 동안, 주거지에 따른 생활비의 변화에 따라 계속해서 변화했다. 그리고 내가 공인 투자 상담사로서 수수료

기반의 재무 설계 회사를 창업했던 일 또한 이 계좌의 잔고에 크게 영향을 미쳤다. 우리의 비상금 저축 계좌는 미국연방예금보험공사에서 보호하고 기금을 제공하는 매력적인 이율의 금융시장 계좌이다. 우리는 또한 낮은 수익률로 투자하고 있는 의료 저축 계좌도 가지고 있다.

학자금 투자, 과세 대상 투자, 은퇴 자금 투자에 대해 나는 인덱스 투자를 핵심으로 하여 위성 투자로 부동산, 주식, 사업 소유 등을 둔다는 확고한 원칙을 가지고 있다. 나는 검약저축제도를 통해 내 인덱스펀드에 투자하고 있다. 미연방 정부 직원을 위한 은퇴제도인 검약저축제도는 5,000억 달러가 넘는 자산을 운용하고 있으며 그 어떤 재무 기관보다 가장 낮은 운용보수율을 지닌다.

남편의 퇴직연금 계좌는 성직자를 위한 은퇴 프로그램을 제공하는 MMBB에 맡겨져 있다. 성직자를 위한 은퇴 계좌에서는 은퇴 시기가 되었을 때 주택 수당으로서 배당을 보장한다. 주택 수당은 오늘날의 조세 코드에 따르면 일반적인 소득세의 대상이 아니다. 딸의 529 계좌는 뉴욕의 529제도를 통해 뱅가드 인덱스펀드에 투자되어 있다.

우리의 i401(k) 계좌와 로스 개인은퇴 계좌와 딸의 커버델Coverdell 학자금 계좌는 주로 우리가 자주 이용하는 회사의 주식에 투자되어 있다. 우리가 상품과 서비스를 자주 이용하며 어떤 성과를 올리는지 눈여겨보고 있는 회사의 주식이다. 또한 나는 로스 개인은퇴 계좌에서는 동료가 추천하는 주식에도 투자하고 있다.

내가 가지고 있던 주식 몇 주는 파산했다. 내가 두 가지 각기 다른 산업 분야에서 미국 기반 회사와 중국 기반 회사에 투자하는 모험을 했기 때문이다. 그 회사들이 내세우는 개념은 뛰어나 보였지만 경영 능력이 시장 잠재력에 부합하지 못했고 유행이 바뀌었을 때, 발 빠르게 방향을 바꾸지 못했다. 두 회사 모두 내가 친숙하지 않은 시장에서 활동을 벌이고 있었다. 나는 '소음'을 믿었고 대중의 흐름을 따라갔지만 너무 늦기 전에 발을 빼지 못했다. 하지만 투자 분산의 힘 덕분에 우리는 계속해서 투자의 수익과 손실의 균형을 맞추고 있다.

부동산 포트폴리오에는 오직 단 하나의 자산밖에 없다. 우리 부부가 산 첫 번째 집이다. 세입자에게 수익을 얻기 위해 메릴랜드에 있는 집은 세를 주었다. 메릴랜드 집은 우리가 은퇴한 후 살 집을 마련하기 위한 자금이 되어줄 것이며 어쩌면 미래에 우리가 살 집 외에도 세를 주는 집을 한 채 더 마련할 수 있을지도 모른다. 우리는 또한 현재 뉴욕 거주지의 세입자이기도 하다.

인적자본과 금융자본을 연결 짓는 과정에서 중요한 사실이 나타난다. 나와 남편의 직업이 부부 관계에서 각기 다른 목적을 수행한다는 사실이다. 남편은 채권 투자를 상징한다. 수입이 안정적이고 위험이 낮은 직장에 다니고 있기 때문이다. 기업가이자 사업 소유주로 나는 한층 위험 부담이 높은 주식 투자를 상징한다.

2008년 나는 시장에 일반적으로 받아들여지지 않고 있던 사업 모델을 선택했다. 재무 상담 서비스를 받을 만한 능력이 없다고 생각하는 중산층 고객을 대상으로 단지 수수료만을 받고 서비스를 제공하는 원칙에 따라 재무 상담을 해주는 회사를 만든 것이다. 여기에는 한층 더 큰 위험 요소가 있었는데, 내가 주택 위기가 일어나기 시작할 무렵 회사를 창립했다는 사실이다. 그 때문에 우리는 계속해서 이사를 다녀야 했고 그때마다 계속해서 고객 명단을 다시 만들어야만 했다.

오늘날 유행은 나에게 유리한 방향으로 바뀌었다. 나는 나와 비슷한 사고방식을 가진 사업가를 만나 내 수수료 기반 재무 설계 회사를 그녀의 회사와 합병했다. 우리의 회사 2050 웰스 파트너스는 수수료만을 부과하는 것을 원칙으로 삼고 100% 인터넷 기반으로 서비스를 제공하는 재무 설계 회사이다. 그리고 우리는 뉴욕과 메릴랜드에 있는 각각의 재택근무 사무실에서 일을 한다. 공동경영자와 나는 혁신을 믿고 있으며 회사를 평생에 할 수 있는 가장 훌륭한 투자로 만들겠다는 미래의 약속에 내기를 걸었다. 또한 우리는 고객의 인적자본과 투자를 안내한다는 특권을 누리고 있다. 이는 양쪽 모두에게 유리한 거래이다.

2050 웰스 파트너스는 고용주에 의해 혹은 월 스트리트에 의해 간과되는 취약 계층에게 길을 안내하기 위한 해결책이다. 바로 우리와 같은, 우리 가족과 같은, 우리 지역 주민과 같은 사람들이다. 우리는 2050년에는 미국이 민족적 모자이크 같은 나라가 될 것이라는 사실을 마음 깊숙한 곳에서 인정하고 있다. 회사의 목표는 인류애를 발전시킴으로써 빈부격차를 좁히는 것이다.

X세대였던 남편과 나는 즐겁고 편안한 삶을 살아갈 수 있기 위해 인적자본과 수입을 신중하게 지출하는 일에 경계를 늦추지 않는다. 우리는 헌신적인 배우자로서, 고등학생 딸의 부모로서, 인간의 조건을 향상시키기를 바라는 전문가로서 우리의 소명을 완전히 수행하며 살아가기를 바라고 있다. 우리는 서로가 생각하는 가치가 일치한다는 사실에 감사하며 결혼 초기부터 재정적 유연성을 확보하기 위한 기반을 마련했다는 사실에 대해 감사한다. 우리는 남은 평생 동안 우리가 노력한 결실의 보상을 후세에게 전해줄 수 있게 되기를 기도하고 있다.

How I Invest My Money

마게리타 쳉
Marguerita Cheng

자유

올바르게 쓴 돈

마게리타 쳉Marguerita Cheng은 '블루오션 글로벌 웰스Blue Ocean Global Wealth'의 CEO이다. 이 회사를 공동창립하기 전에 아메리프라이즈 파이낸셜에서 재무 상담사로 일을 했다. 그리고 도쿄에 있는 토와 시큐리티스Towa Securities에서 분석가이자 편집자로 일을 했다. 쳉은 미국은퇴자협회의 재정적자유캠페인의 전 대변인으로 일을 했으며 지금은 인베스토피디아와 키플링어Kiplinger에 정기적으로 칼럼을 쓰고 있다. 그녀는 공인 재무 설계사이며 공인 은퇴 설계 카운슬러이자, 공인 은퇴 수입 전문가, 공인 이혼 재무 분석사이다.

스탠다드 앰베서더Standard Ambassador의 공인재무설계위원회의 일원으로서 대중과 정책 결정자, 언론을 대상으로 합법적이고 윤리적인 재무 설계의 이점에 대해 교육하는 일을 돕는다. 또한 공인재무설계 위원회에서 여성 주도 사업을 지원하는 한편 내용 전문가로서 일하고 있다. 그녀는 일본의 문부과학성 장학금을 받았다. 2017년 인베스토피디아에서 선정한 재무 상담 분야의 가장 영향력 있는 여성 3위에 올랐으며 〈투자소식〉에서 선정한 주목할 만한 여성 100명의 명단에 이름을 올렸다.

만약의 상황에
대비하는 자세

아버지가 내게 가르쳐준 가장 가치 있는 교훈은 내가 가진 것으로 나 자신을 정의하지 않고 그보다는 내가 이룬 성취와 내가 받은 교육으로 나를 정의하라는 것이었다. 나는 가정의 삶, 재정적 삶, 직업적 삶을 살아가는 데 있어 계속해서 이 교훈을 마음에 품고 있다.

인생에서 내리는 결정에서 돈이 유일한 결정 요소가 되어서는 안 된다. 아버지의 재무적 지혜와 통찰에 힘입어 나는 재무 문제에 대해 균형 잡힌, 전체론적 접근 방식을 익힐 수 있었다. 이에 대해서 나는 아버지에게 무한히 감사하고 있다.

아버지와 가족들은 중국 남부 장시성의 고향 마을을 떠나 대만으로 도망쳐 왔다. 아버지가 1960년대 국립타이완대학교를 졸업했을 때 그의 수중에 있는 재산은 고작 17달러와 입고 있던 옷밖에 없었다. 아버지는 물질적, 재정적 의미에서 가난했지만 결코 스스로를 가난하다고 생각한 적이 없었다.

아버지는 돈이 행복을 사 줄 수는 없지만 마음의 평안과 자유, 유연함을 가져다준다고 주장했다. 아직도 나는 아버지의 목소리를 생생하게 떠올릴 수 있다. "무슨 일을 하든 간에, 어둠 속에서 돈을 사용하지 마라. 돈을 낭비하게 되면 다른 사람들의 소중한 기회를 빼앗게 되고, 사랑하는 사람에게 해를 입히게 된다."

재무 문제를 서로 의논하는 것은 부부 혹은 남녀에게 스트레스일 수 있다. 수많은 사람들이 자신이 처한 재정적인 곤경에 대해 털어놓고 이야기하는 대신 그저 침묵 속에서 견디는 편을 선택한다. 그리고 재정적인 곤경에 처했다는, 혹은 안 좋은 재정적 결정을 내렸다는 수치심을 그저 속으로 삭히는 편을 선택한다.

미국 문화에서 돈은 스스로 자신을 어떻게 생각하는지, 가정과 회사에서 사람들이 자신을 어떻게 보아주기를 바라는지 결정짓는 데 큰 역할을 한다.

돈은 사람마다 그 경험과 가치에 따라 각기 다른 의미를 지닌다. 우리 부모님은 두 분이 돈 문제를 두고 싸우지 않는다는 사실에 대해 종종 웃어넘기곤 했다. 실은 싸울 일이라고는 전혀 없었기 때문이다. 부모님이 처음으로 집을 구입했을 때 페인트 한 통을 살 돈도 없었지만 부모님은 자신들의 신념과 생각, 우선순위에 대해 숨김없이, 솔직하게 터놓고 이야기를 할 수 있었다.

아버지가 내게 가르쳐준 또 다른 지혜는 기회가 나타날 때를 대비하여 마음을 열고 있으라는 것과 최선을 다해 내일을 위해 준비하라는 것이었다.

아버지에 대해 내가 가장 훌륭하다고 생각하는 부분은 아버지가 돈에 대해 기꺼이 터놓고 이야기할 수 있다는 점이다. 내 숙모가 네 명의 어린 자식을 남기고 전혀 예상치 못하게 세상을 떠났을 때 아버지는 장례식 비용을 지불했다. 숙부가 아버지에게 장례식 비용을 빌려줄 수 있느냐고 묻자 아버지는 "아니야. 내가 그 돈을 줄게. 지금 같은 순간 돈에 대해서 걱정하지 마."라고 말했다.

아버지는 설교를 늘어놓거나 잔소리를 하지 않았으며 그저 이 일을 유언장과 장례 준비에 대해 가르쳐줄 기회로 삼았을 뿐이다. 사람들은 오직 부자들만 유언장을 만들 필요가 있다고 생각한다. 하지만 실은 모든 사람이 유언장을 만들어 놓아야 한다. 유언장은 우리가 세상을 떠났을 때 우리의 바람에 대해 알려주고 남은 사람들이 어림짐작하지 않아도 될 수 있게 해준다. 불편한 주제에 대해 이야기하는 일에 대해 나는 고객에게 아버지의 지혜를 전한다.

아버지는 아버지와 어머니를 위해 구입한 생명보험 증권을 나에게 보여주었다. 그리고 어떻게 금고를 열 수 있으며 부동산 문서를 찾을 수 있는지 알려주었다. 아버지에게 무슨 일이 생기면 내가 어머니를 대신 부양할 수 있도록 하기 위해서였다.

아버지는 사전에 미리 대비를 한다는 원칙에 따라 심각한 문제들에 대해 생각해두는 편이 좋다고 주장했다. 생명보험에 들지 않거나 만약의 상황에 대해 대비를 하지 않는다고 해서 그런 일이 닥쳐오지 않는 것은 아니기 때문이다.

동아시아 언어와 문학에 대해 문학 학사를 받은 후 나는 일본의 문부과학성 장학금을 받고 게이오대학교를 다녔고 도쿄에서 일을 했다. 영어권 투자자를 위한 소식지를 번역하고 편집하는 일을 하는 과정에서 나는 의사소통 기술과 분석 기술을 적용할 수 있었다.

나는 견실한 대차대조표나 견고한 현금 흐름 보고서 같은, 기업 재무에서 내가 배운 개념을 개인과 가족에게 적용하고 싶었다. 그 결과 개인과 가족이 현금 흐름을 흑자로 관리하며 순자산을 보호하고 증대시킬 수 있도록 돕고 싶었다.

돈을 바라보는 내 철학은 내가 어떻게 투자하는지에 크게 영향을 미친다. 나는 내 투자 계획에 유연성과 질서를 쌓아올리는 것을 좋아한다. 그리고 저축과 투자 계좌에 돈이 자동 이체되도록 해두려고 한다. 이미 대학을 졸업하기 전부터 401(k) 계좌에 돈을 넣고 있다.

나는 투자에 있어 장기적인 안목을 가지고 있다. 세금 분산이 투자 분산만큼 중요하다고 생각한다. 과세 유예 계좌, 비과세 계좌, 과세 대상 계좌를 모두 가지고 있는 것이 중요하다. 그러면 세율의 변화에 따라 계획을 세울 수 있기 때문이다. 나는 일단 투자를 해 놓고 잊어버리는 유형의 투자자는 아니다. 그렇다고 내 계좌에 있는 주식을 매일 당일 매매하려 드는 투자자도 아니다. 모든 사람의 포트폴리오는 부드럽고 애정이 담긴 보살핌을 받아야만 한다.

재무 설계를 한다고 해서 우리가 경기 침체를 피할 수 있다는 뜻은 아니다. 다만 그 시기를 버틸 수 있다는 사실을 아는 데서 오는 마음의 안정을 누릴 수 있을 뿐이다.

가끔씩 나는 사람들이 필요한 것보다 일을 한층 복잡하게 만든다고 생각한다. 나는 지나치게 낙관주의로 빠지지 않으며 지나치게 비관주의로 흐르지도 않는다. 이 점은 고객도 진심으로 인정해 주는 부분이다. 나는 매입원가 평균법, 비과세 성장, 화폐의 시간 가치라는 단순한 세 가지 요소를 믿는다.

나는 529 제도가 있다는 사실을 알았을 때 얼마나 기뻤는지를 기억한다. 그때 당장 나는 자녀마다 계좌를 하나씩 열어주었다. 2003년부터 재무 상담 업계에서 사업자로 일을 해왔기 때문에 나는 은퇴 자금을 마련하기 위해서 SEP IRA의 혜택을 누릴 수 있었고 그다음에는 싱글(k)/개인(k)/솔로(k)(고용인이 없는 사업을 운영하는 경영자, 자영업자가 이용할 수 있는 퇴직연금 계좌이다. - 옮긴이) 계좌의 혜택도 누릴 수 있었다.

교육의 중요성은 내가 고객에게 강조하는 것일 뿐만 아니라 우리 가족에게도 강조하는 요소이다. 우리는 자녀가 문맹으로 자라기를 바라지 않는다. 재무적 문맹이라고 다르지 않을 것이다. 최근의 연구 결과에 따르면 미국인의 대부분이 재무 지식 수준이 낮으며 실제의 생활에 재무적 의사 결정 기술을 적용하는 데 어려움을 겪고 있다고 한다.

나는 학교에서 재무 지식을 가르쳐야 한다고 주장하는 사람 중 한 명이다. 아이들에게는 재무 지식을 쌓을 수 있도록 도울 수 있는 강력한 공동체가 필요하다.

부모로서 나는 아이들과 솔직하게 터놓고 대화를 나눈다. 아이들이 재무 문제에 대해 질문을 던지면 나는 일상에서 흔히 볼 수 있는 사례, 즉 수도세나 전기세 같은 사례를 들어 예산 짜기의 개념을 설명한다. 솔직히 말해 '재무적 문맹' 같은 용어는 반감을 살 수 있다. 나는 '재무적 자신감' 혹은 '투자 교육'이라는 용어를 더 좋아한다. 결국 우리는 재무 교육을 통해 우리의 미래에 대해 좀 더 자신감을 느낄 수 있기 때문이다.

중국인 아버지와 미국에서 태어난 어머니의 딸로서 나는 미국, 유럽, 아시아에서 수없이 많은 고정 관념에 노출되었다. 또한 직업적으로 성공한 여성이 의미하는 바에 대해 온갖 혼합된 메시지를 들으며 성장했다. 딸로서, 아내로서, 엄마로서, 돌봄 주체로서, 직업인으로서, 직업적 재무 설계사로서 의무를 다하기 위해 곡예를 부려야 하는 경험을 통해 나는 완벽함을 추구하기보다는 균형을 잡는 일이 중요하다는 사실을 깨달았다.

내가 처음 재무 설계 업계에서 일을 시작했을 때 가족을 이끄는 여성이 직장 내에서 성공을 거두는 사례는 보기 힘들었다. 다양성을 지닌 배경에서 온 사람은 말할 것도 없었다. 나를 포함한 모든 사람들이 성공 가능성이 나에게 반한다는 사실을 알고 있었다. 하지만 10년이 지난 후 내가 성공을 거둠으로써 내가 느끼고 있던 채무는 나의 자산이 되었고 또한 내 성공은 재무 설계 분야에서 일하고 있는 다른 젊은 여성 직업인을 고무시키는 계기가 되었다.

젊은 여성들은 여전히 돈은 남자가 책임질 영역이라는 말을 자주 듣는다. 이런 말들은 여자가 재정적으로 독립하는 일에 대해 남자만큼 걱정하지 않아도 된다는 핑계가 되어 준다.

재무적 평등과 독립은 남자 못지않게 여자에게도 중요하다. 부를 쌓아나가고 성공한 삶을 살고 싶은 여자에게 올바른 투자 기술을 익히는 것은 그 목표를 달성하기 위한 중요한 열쇠이다. 독신이든, 이혼녀이든, 미망인이든, 결혼을 했든 상관없이 재무적 삶에 있어 한층 적극적인 역할을 맡는 일은 아주 중요하다.

재무적 삶에서 한층 적극적인 역할을 맡음으로써 여자는 자신들이 이끄는 삶을 한층 명료하게 파악할 수 있으며, 자신감을 가질 수 있고, 삶을 한층 잘 통제할 수 있게 된다. 그리고 그렇게 하기 위해서 여자는 돈에 대해 가능한 한 많은 것을 배워야 할 필요가 있다. 아버지가 내게 했던 것과 마찬가지로 나도 내 딸들에게 이런 가치를 가르친다.

내 고객과 그들의 소중한 가족에게 나는 네 가지 'C'를 약속한다. 명료함Clarity, 자신감Confidence, 통제권Control, 용기Courage이다. 고객들은 자신이 무엇을 선택할 수 있는지 명료하게 알 수 있다. 나는 고객이 자신에게 가장 중요한 것에 집중하기를 바란다. 자신감은 미래를 위해 계획을 세우고 자신이 올바른 길로 가고 있다는 것을 확신하기 위해 필요하다. 예를 들어 연금을 받는 대신 퇴직금을 일시불로 받기로 선택한 후 밤에 잠을 자지 못한다면 자신의 목표와 위험 감수도를 고려하여 이와 일관된 행동에 나설 필요가 있다.

통제란 그들이 통제할 수 있는 것이 무엇인지 아는 일이다. 우리는 주식시장 성과를 예측할 수 없다. 이자율을 예측할 수 없다. 하지만 어떻게 저축을 하는지, 어떻게 지출을 하는지, 어떻게 투자를 하는지, 어떻게 대응을 하는지의 방법을 통제할 수 있다. 그리고 용기란, 비판받을 걱정 없이 질문을 던지고 도움을 받는 태도를 의미한다.

나는 공인 재무 설계사로서 일하는 것을 전적으로 사랑한다. 왜냐하면 이를 통해 나는 다른 사람의 인생을 변화시키고 공동체에 긍정적인 영향을 끼칠 기회를 누릴 수 있기 때문이다. 재무 설계는 지적으로 자극이 되는 일이며 감정적으로는 만족스럽고 재정적으로 보상이 큰 일이라고 할 수 있다.

알렉스 채럭키언

Alex Chalekian

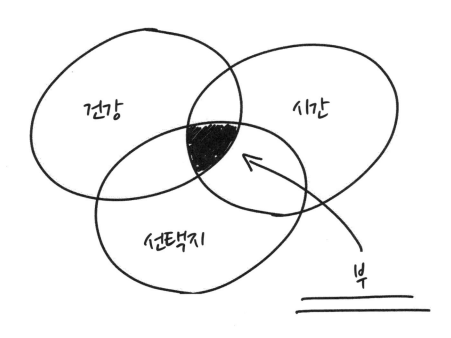

알렉스 채럭키언Alex Chalekian은 2014년에 설립된 '레이크 애비뉴 파이낸셜Lake Avenue Financial'의 창립자이자 CEO이다. 그는 20년이 넘는 동안 고객이 자신의 재무 목표를 이룰 수 있도록 돕는 일에 헌신해 왔다. 알렉스는 고객이 자신의 재무 목표를 구체적으로 파악할 수 있도록 도우며 그 목표를 달성하기 위해 자산을 쌓고 관리할 수 있는 포괄적인 계획을 세울 수 있도록 돕고 있다.

재무 상담사로 일을 하는 한편 그는 재무 상담사가 어떻게 자신의 사업을 전환시키고, 어떻게 사업을 성장시키며, 재무 업계에서 성공을 거둘 수 있는지 지도해 왔다. 몇 차례에 걸쳐 다른 회사를 인수한 결과 그의 회사는 재무 업계에서 가장 빠르게 성장하는 상담 회사 중 하나가 되었다. 그는 페퍼다인대학교에서 경영관리 학위를 받았다. 1997년에 재무 설계 업계에서 일을 시작했고 2003년에는 채럭키언 웰스 매니지먼트Chalekian Wealth Management 회사를 설립했다. 일을 하고 있지 않을 때 그는 가족과 친구, 지역사회에 관심을 쏟는다.

부의
청사진

나는 사랑은 가득하지만 돈은 충분치 않은 가정에서 성장했다. 부모님은 성실하게 일했지만 형과 내가 제대로 된 생활을 누릴 수 있을 만큼의 돈을 벌지는 못했다.

어머니는 1970년 미국으로 이민을 왔다. 당시 십대였다. 아버지는 1971년 20대 후반일 무렵에 미국으로 왔다. 부모님은 로스앤젤레스에서 만났고 결혼해서 가정을 꾸리기로 결심했다. 형과 나는 미국에서 태어난 1세대인 셈이다.

어렸을 때만 해도 부모님과 조부모님이 나를 안전하고 건강한 환경에서 자랄 수 있도록 하기 위해 기꺼이 감수했던 희생에 대해서 전혀 이해하지 못했다. 그들은 자신이 나고 자란 고향을 등지고 그곳에서 가지고 있던 모든 것을 버려둔 채, 새로운 인생을 살아가기로 결심하고 미국으로 왔다. 결국 미국은 기회의 땅이었다. 그렇지 않은가?

할아버지는 우리 가족의 반석이자 토대였다. 그는 여러 기술을 가지고 있었지만 미국에 와서는 겸손한 자세로 모든 일을 새로 시작했다. 손에 잡히는 일은 무슨 일이든 닥치는 대로 했다. 이 나라에서 살아남기 위해서 하루에 일자리 몇 곳을 돌며 일을 하기도 했다. 몇 년 동안 열심히 돈을 모은 끝에 할아버지는 마침내 작은 식당을 열 수 있었다. 이 식당은 우리 가족이 미국에서 시작한 첫 번째 사업이었고 가족들은 이 사업을 어떻게든 성공시키기 위해 노력했다. 아버지 역시 여러 기술을 가지고 있었고 손재주가 좋았다. 아버지는 이내 로스앤젤레스 시내에 있는 보석 가공업자 밑에서 일을 하게 되었다.

부모님이 결혼한 후에 아버지는 계속해서 LA 시내에서 일을 했고 어머니는 교사로서 일을 하기 시작했다. 몇 년 후 캘리포니아주의 리시더에 첫 번째 집을 마련할 수 있었다. 바로 우리 형제가 자란 집이다. 좋은 동네에 있는 멋진 집은 아니었지만 부모님은 집을 소유하게 되면서 '아메리칸 드림'을 성취한 일을 자랑스러워했다.

'왜 나는 여기에서 내 추억 이야기를 늘어놓고 있는 것일까?' 왜냐하면 사람들이 왜 투자하는지, 왜 특정한 방식으로 투자하고 싶어 하는지 그 이유를 이해하기 위해서는 그 사람의 성장 배경과 돈과 관련된 개인적인 첫 경험을 이해하는 것이 중요하다고 생각하기 때문이다. 여기에서 돈이 그들에게 어떤 의미를 가지고 있는지, 돈과 관련된 최초의 경험이 부에 대한 그들의 개념에 어떻게 영향을 미쳤는지를 아는 것은 매우 중요하다.

부는 사람들에게 각기 다른 것을 의미하기 마련이다. 하지만 몇 년 동안 우리 가족이 고생하며 열심히 노력하는 모습을 지켜본 결과 그때의 내게 부란 경제적 독립을 의미했다. 그러나 점점 나이가 들고 현명해지면서 부는 전혀 다른 의미를 지니게 되었다. 지금의 나에게 부는 '건강, 시간, 그리고 선택지'를 의미한다.

나는 투자와 개인 재무 분야에 지극한 열정을 가지고 있었고 이 열정을 좇아야 한다고 깨달은 후, 1997년 재무 업계에서 일을 하기로 결심했다. 그 당시 나는 스물한 살이었고 회계사가 되기 위한 공부를 하고 있었다. 그 무렵만 해도 나는 남은 평생 동안 회계사로 일하고 싶다고 생각하고 있었다. 하지만 대학교에 다니면서 회계 회사에서 일을 하는 동안 나는 이내 이 일이 내 소명이 아니라는 사실을 깨닫게 되었다. 내가 흥미를 느끼고 성공하고 싶은 의욕이 솟아나는 직업을 선택해야 한다는 사실을 깨달은 것이다. 나는 이미 열여덟 살 때부터 개별 주식에 투자를 하고 있었고 고등학교를 졸업한 이후로는 뮤추얼 펀드 몇 군데에 투자하고 있었다. 고등학교 때 경제학 수업을 듣고 투자에 흥미를 가지게 되었기 때문이다.

대학교에 다니면서 나는 일을 했고 급료의 얼마를 따로 떼어 투자를 하기 시작했다. 스무 살이 되었을 때 나는 얼마 되지 않는 액수의 포트폴리오를 가지고 있었고 매일 〈월 스트리트 저널〉과 〈인베스터즈 비지니스 데일리Investor's Business Daily〉를 읽었다. 재무 상담사가 되는 것은 나에게 아주 자연스러운 선택처럼 보였다. 나는 아직 젊었고 혹시라도 재무 업계에서 일이 잘 풀리지 않는다면 언제든지 다른 방향으로 진로를 바꿀 수 있었다. 그리고 여기에서 배운 지식과 교육을 나 자신의 이득을 위해 얼마든지 활용할 수 있을 터였다.

일을 시작한 지 얼마 되지 않아 나는 고객들에게 해주는 권고를 나 자신도 따라야 한다는 중요한 사실을 깨달았다. 그것이 은퇴 계좌 설정을 어떻게 해야 한다는 권고를 따르는 일이든, 내 돈을 고객의 돈과 똑같은 주식과 뮤추얼펀드에 투자하는 일이든 상관없었다. 나는 이 일을 하는 초기에는 돈을 그리 많이 벌지는 못했지만 로스 개인은퇴 계좌에 조금씩 돈을 납입할 수 있을 정도는 되었다. 나는 이 계좌에서 성장 뮤추얼펀드 투자를 선택했다. 나는 분산 투자의 중요성을 깨달았기 때문에 적극적 투자 관리의 뮤추얼펀드에 5,000달러의 돈을 투자하는 것이 합리적이라고 생각했다.

또한 나는 개별 주식과 뮤추얼펀드에 투자되어 있는 과세 대상 계좌도 가지고 있었다. 나는 매월마다 조금씩 이 계좌에 지속적으로 돈을 넣었다. 매입원가 평균법은 지루하게 보이는 투자법일지 모르지만 투자자에게 분명한 성과를 거두어 준다. 나는 이 포트폴리오를 빠른 속도로 성장시켰고 그 과정에서 기술을 연마했다. 주식 시세를 파악하고 회사의 재무제표를 읽고 요즘 유행에 발맞추어 따라가는 일은 내게는 재미있는 일이었다. 친구들 대부분은 자신이 인생에서 무엇을 해야 할지 알아내기 위해 고심하고 있었다. 운이 좋게도 나는 내가 무엇을 하고 싶은지 잘 알고 있었다.

그로부터 20년 후 현재 내 포트폴리오는 이전과는 전혀 다른 모습을 하고 있다. 가장 큰 이유는 나의 재무 설계 회사가 지난 몇 년 동안 크게 성장했기 때문이다. 고객을 위해 최고의 서비스를 제공하기 위해 노력한 결과 내 회사는 유기적으로 크게 성장할 수 있었을 뿐만 아니라 다른 작은 회사들을 인수할 수 있는 기회까지 얻었다.

2005년 나는 첫 번째 인수를 앞두고 계산을 해본 끝에 인수가 성공적으로 이루어진다면 내가 지금까지 한 투자 중 최고의 투자가 될 것이라는 사실을 재빨리 깨달았다. 이 사실을 염두에 둔 채 나는 인수 대상을 찾아 나섰고 마침내 2008년 첫 번째 인수를 성공적으로 마무리 지었다.

2008년 이후 다른 회사를 인수할 기회가 몇 차례 더 찾아왔고 나는 그 기회가 우리와 잘 맞다고 판단될 때 거래를 성사시켰다. 나는 재무적 독립을 달성하기 위해서는 현금 흐름이야말로 핵심 열쇠라는 사실을 재빨리 깨달았다. 그래서 일을 시작한 초반 무렵, 아마도 2000년부터 나는 특히 수수료를 받는 재무 설계와 자산관리 업무에 초점을 맞추었다.

현재 내 자산의 약 80%는 내 회사 주식이다. 시간의 흐름에 따라 이 비율은 30%에서 조금씩 증가했다. 지금 나는 이 글을 읽는 수많은 재무 상담사가 고개를 흔들고 있을 것이라는 사실을 알고 있다. 우리는 고객에게 분산 투자를 하라고 이야기한다. 가장 큰 자산의 비율을 조금씩 낮추면서 전반적으로 투자 위험을 낮추어야 한다고 말이다.

우리는 고객이 투자한 회사 주식의 가치가 급락할 경우를 대비하여 그들을 보호하기 위한 전략을 구상한다. 인수에 투자할 기회가 없었더라면 나 또한 대부분 공공 거래 주식과 상장지수 펀드로 구성된 포트폴리오를 가지고 있었을 것이다.

내 회사는 공공 시장에 상장된 회사가 아니기 때문에 여기에는 유동성이나 주식을 팔 수 있는 시장이 없다. 이는 자영업을 운영하는 고객과 비슷한 상황이다. 그들은 자신이 소유한 순자산의 많은 부분을 자신이 운영하는 사업에 투자하여 사업을 키워냈으며 퇴각 전략을 실행할 적절한 시기를 기다리고 있다. 이 고객에게 다른 부문에 투자를 해야 한다고 아무리 이야기를 한들 그들은 재투자야말로 큰 수익으로 연결된다는 것을 보여줄 것이다. 중요한 점은 그런 고객은 스스로 자신의 운명을 통제한다고 생각한다는 것이다. 전 세계에서 가장 부유한 사업가들을 살펴보면 바로 이 같은 공통점을 발견할 수 있다. 그들의 가장 큰 자산은 바로 그들이 창립한 사업이거나 혹은 그 회사의 주식이다.

다른 사업을 인수할 기회를 잡기 위해서 현금을 다량으로 보유하고 있는 것 혹은 은퇴 계좌가 아닌 곳에 투자되어 있는 주식 일부를 현금화할 필요가 있을지도 모른다는 사실을 인식하고 있는 것은 아주 중요했다. 이 사고 과정은 나에게 아주 단순했다. 인수는 더 많은 현금 흐름을 생성했으며 내가 통제할 수 있는 훌륭한 투자가 되어 주었다.

다음 예를 한번 살펴보자. 상담사 X가 정기적 수입으로 10만 달러를 만들어낸다. 그리고 은퇴하기로 결심했다. 그의 회사는 25만 달러에 매각된다. (여기에서는 2.5의 배수를 사용하기로 한다.) 나는 사용 가능한 현금 혹은 다른 투자의 일부를 이용하여 이 회사를 25만 달러에 인수한다. 그리고 발 빠르게 이 회사를 전환하여 이 회사의 인수를 통해 우리 회사가 10만 달러의 추가적인 수입을 생성할 수 있도록 만든다. (인수를 위해 융자금을 사용할 수도 있다.)

내가 이미 사업 기반 시설을 가지고 있고 이 인수로 인해 추가적인 지출이 발생하지 않는다고 가정한다면 이 모든 수익이 전부 내 최종 결산 수익으로 흘러들어올 것이다. 이 사례만 두고 볼 때 이 투자는 40% 이자표가 붙은 채권과 마찬가지이다. 그리고 이 현금 흐름을 가지고 또 다른 인수에 내기를 걸 수도 있다. 다른 사람이 투자의 수익을 재투자하는 것과 마찬가지이다. 몇 년에 걸친 복리 효과는 엄청나게 커질 수 있다.

회사에 투자되어 있는 80%를 제외하고 남은 20%의 자산은 현금과 개별 주식, 상장지수 펀드, 뮤추얼펀드에 투자되어 있다. 나는 우리가 꼭 적극적 투자 혹은 수동적 투자 사이에 선택을 해야 한다고는 생각하지 않는다. 우리가 무엇을 하려 하는지에 따라 두 가지 투자 방식 중 하나를 이용할 수도 있고 두 가지 모두를 이용할 수도 있다.

현재 내 포트폴리오는 주식 배분을 위해서는 개별 주식과 상장지수 펀드를 이용하고 있고 고정 수입 배분을 위해서는 뮤추얼펀드를 이용하고 있다. 나는 은퇴연금 계좌에서는 상장지수 펀드나 인덱스펀드 같은 수동적 투자를 선호한다. 비용이 적게 들 뿐만 아니라 더 중요하게는 장기 투자로 설정된 이 계좌의 항목을 함부로 바꾸고 거래하지 못하게 막아주는 효과가 있기 때문이다.

은퇴 계좌가 아닌 곳에서 나는 개별 주식과 적극적 관리 펀드를 가지고 있는 편을 선호한다. 주식이라고 해서 항상 오르기만 하는 것이 아니기 때문에 손실을 감수하고 싶을 경우 내가 직접 손실을 처리할 수 있기를 바라기 때문이다. 은퇴 계좌에서는 이런 일을 할 수 없다.

사업가들은 돈이 그저 수단에 불과하다는 사실을 금세 알게 된다. 가족을 부양하고 이들을 보살피는 것이 나의 가장 최고 우선순위이다. 앞에서도 이야기했지만 나에게 부는 건강과 시간 그리고 선택지를 의미한다. 돈은 우리 가족을 건강하게 살게 하고, 그들이 좋아하는 일을 할 수 있는 시간을 확보해주며, 인생에서 일어날 수 있는 여러 상황이 닥쳤을 때 선택지를 부여할 수 있도록 돕는 도구이다.

부가 당신에게 의미하는 바가 무엇인지 시간을 들여 곰곰이 생각해보라. 그 의미가 아주 명료해진 후에야 우리는 비로소 투자의 청사진을 가질 수 있다. 그리고 좀 더 행복한 미래를 위해 토대를 닦을 수 있다.

"나한테 당신이 어떤 생각을 하고 있는지 말하지 말고
당신 포트폴리오에 무엇이 들어 있는지 말하라."
— 나심 니콜라스 탈레브

개인재무란 재무적이라기보다는 개인적이라는 오래된 경구가
있다. 어쩌면 지나치게 재치를 부린 말이기는 하지만 이 말은 여전
히 진실을 담고 있다. 진지한 재무 전문가들 사이에서는 거의 입에
담기지 않는 진실이다. 바로 돈을 관리하는 문제에 있어 하나의 올
바른 방법은 존재하지 않다는 것이다.

바로 그 '올바른' 방법, 전통적인 방법은 수십 년 전, 아직 초기 단
계에 있던 현대 수학적 재무 개념에서 유래했다. 가장 바람직한 포
트폴리오, 효율적인 시장, 주식 가격 선정을 비롯하여 합리적인 투
자자들이 여러 가지 문제에서 자신의 효용을 증대시킬 수 있는 방
법에 대해 전해 내려오는 지혜가 존재한다.

높이 떠오른 재무 개념 아래에는 좀 더 땅에 붙어 있는 지침이 존
재한다. 똑똑하게 저축하라. 현명하게 돈을 빌려라. 절약하며 소비

하라. 종합하면 여기에는 올바른 길이 존재하고 있으니 이를 따라야 한다는 것이다.

하지만 이단이 등장하여 세력을 잡는다. 우아한 이론과 단순한 규칙을 복잡한 실생활에 적용하려 할 때, 다른 누군가의 돈을 관리하는 일은 아무리 좋게 말해도 기교적인 일이 될 수밖에 없다.

이 책은 자산관리 분야에서 일하고 있는 전문가들이 쓴 짧은 글을 모은 모음집이다. 바로 다른 사람들의 재정적 삶을 더 낫게 만들어주는 일을 천직으로 삼고 있는 사람들의 이야기다. 이 책에 글을 써준 이들은 전통적 이론에 대해서라면 그야말로 잘 알고 있다. 하지만 한눈에 알 수 있는 사실은 이들이 어떻게 자신의 돈을 관리하고 있는지의 전체적인 그림은 교과서에 나오는 도식보다는 인상주의파 그림에 훨씬 가깝다는 것이다. 나심 탈레브가 말했듯이 한 사람이 돈을 어떻게 관리하는지를 진정으로 배우고 싶다면 그 사람이 실제로 '자신의' 돈을 어떻게 투자하고 있는지를 살펴보는 수밖에 없다. 이 책에 글을 써준 이들은 다른 책들과는 다르게 자신의 포트폴리오를 기꺼이 내보여주었다.

저자들에게 글을 어떻게 써야 하는지의 방향을 거의 제시하지 않았다. 조슈아가 블로그에 쓴 글을 공유한 다음 그 주제에 대한 그들 나름의 글을 써 달라고 부탁했을 뿐이다. 그리고 단지 투자뿐만 아니라 저축이나 대출, 지출, 기부 등 그 밖의 어떤 것에 대해서 써도 좋다고 덧붙였다. 그게 다였다. 그리고 우리가 받은 것은 '이야기'였다. 희망, 좌절, 기쁨, 고난, 욕망, 성장의 이야기였다. 사람들의 이야기였다.

밥 시라이트는 호숫가의 오두막에 대한 하나뿐인 이야기를 해주었다. 다사르테 얀웨이는 아프리카에서 미국으로 오게 된 가족 이야기를 들려주었다. 캐럴린 맥클라나한과 애슈비 대니얼스를 비롯한 여러 저자는 어린 시절 힘겨운 시간을 보낸 경험이 어떻게 성인이 되어 성공할 수 있는 밑거름이 되어 주었는지를 말해주었다.

돈은 예전에도 그랬고 지금도 그렇듯이, 삶의 여정에서 떼어 놓을 수 없는 부분이다. 우선 가장 먼저 궁핍과 고난을 이겨내야만 하며 생활비를 벌어야만 한다. 여러 글에서 저자가 자녀를 양육하고, 가족과 지역 사회를 부양하며 대의를 위해 돈을 기부하는 모습이 보인다. 나는 이 책을 읽는 거의 모든 독자들이 적어도 한 편의 글과 마주하고는 이렇게 말할 것이라 생각한다. "완전히 나하고 똑같잖아."

이 글을 읽는 동안 몇 가지 주제들이 떠올랐다. 아마 독자들도 비슷한 경험을 했을 것이다. '돈으로 행복을 살 수 있다.' 맞다. 나는 그렇게 말했다. 왜냐하면 이 말은 사실이기 때문이다. 물론 우리에게 '행복'이라는 말이 무엇을 의미하는지에 따라 많은 것이 달라질 것이다. 하지만 실제로 우리는 돈으로 문제를 해결하고, 고통과 후회의 감정을 완화시키고, 단기적인 전율을 느끼고, 장기적인 기쁨을 살 수 있다.

조슈아 D. 로저스는 미술품 수집에서 기쁨을 얻고 셜 페니는 그의 경주마에서 기쁨을 얻는다. 하지만 이 두 사람을 포함하여 다른 모든 저자들이 말하고 있는 것은 어떤 방식으로든 간에 재무적 유연성에서 기회가 발생한다는 점이다. 라이언 크루거를 비롯한 여러 저자들은 재정과 경력을 잘 관리할 때 '마음의 평안'을 얻을 가능성이 높아진다고 썼다. 자신이 자라온 이야기를 함께 나누어준 저자들의 글을 읽으며 나는 이들이 그들 자신을 위해서가 아니라 더 중요하게는 다음 세대를 위해서 무언가 더 나은 것을 만들어 나가고 싶어 한다는 느낌을 받았다. 돈과 삶의 의미와의 교차점을 확연하게 찾아볼 수 있는 지점이었다.

'돈은 우리의 가치와 주체성을 표현하는 수단이다.' 나는 이 사실을 아무리 강조해도 지나치지 않다고 생각한다. 돈은 언어이며 우리는 이 언어를 이용하여 우리가 누구인지, 어떤 사람이 되고 싶은지 표현한다. 모건 하우절이 경제적 자립의 중요성에 대해 힘 있는 방식으로 표현할 때 그는 단지 자신이 원하는 삶을 살기 위해 선택권을 갖고 싶어 하는 사람을 대변한다. 퍼스 톨은 시장을 자신의 세계관을 표현하기 위한 수단으로 사용한다. 그녀의 사업과 포트폴리오는 그녀만의 북극성인 셈이다. 조슈아 브라운은 어떤 특정한 투자가 어떻게 그의 가치와 인간관계와 관련되어 있는지에 대한 이야기를 들려주었다. 또한 많은 저자가 그들이 중요하게 생각하는 가치를 후원하고 있다는 이야기를 따뜻하게 전해주었다.

블레어 듀케네가 '돈 관념은 중요하다.'라고 설명했듯이 인간이 자라난 환경은 인격을 형성하는 데 큰 영향을 미치며 이 영향은 돌이킬 수 없다. 돈에 대한 경험 또한 마찬가지이다. 우리가 물려받고 우리 안에 자리 잡은 '돈에 대한 관념'은 몬테카를로Monte Carlo 모의 실험 결과보다 우리의 의사 결정과 태도에 훨씬 큰 무게를 지니기 마련이다.

레이한 미코는 과거의 성장 과정과 현재 다른 사람을 돕고 싶은 열정 사이의 상관관계에 대해 웅변적으로 묘사했다. 마게리타 쳉과 알렉스의 가족사는 그들이 상담 회사를 세우고 재무적 결정을 내리는 데 큰 힘이 되었다. 데비 프리먼이 걸어온 여정은 고난과 희망을 아울러 품고 있다. 모든 사람이 내리는 현재의 결정에는 그들이 성장한 과거의 이야기가 그늘을 드리우고 있다.

'금융 자본은 우리가 가진 자산의 한 종류일 뿐이다.' 이 책은 돈에 대해 이야기하는 책이지만 몇몇 저자들은 인적자본에 대해 이야기를 했다. 납득이 가는 선택이다. 우리는 모두 각각의 소망을 품고 있으며 그 소망을 이루기 위한 여러 가지 도구를 지니고 있다. 물론 우리의 지갑 사정이 중요하다는 것은 맞다. 하지만 지식과 인간관계도 그만큼 중요하다. 레지타 레이니 브랙스턴은 행복한 삶을 만들기 위해 자신이 어떻게 자신이라는 인적자본에 투자했는지에 대해 썼다. 댄 이건도 마찬가지였다. 하워드 린드존, 테드 세이즈, 그리고 나는 좀 더 나은 기회를 만들어내기 위해 우리의 사회자본을 어떻게 이용하는지에 대해 이야기했다. '나는 어떻게 투자하는가?'라는 질문은 어떻게 우리가 한 발 앞서 나가는지 대해 한층 폭넓게 고찰할 수 있는 기회를 제공해 주었다.

'과정이 중요하며, 전문 지식이 중요하다.' 아주 실용적인 정보도 많다. 저자들은 저축과 주식 종목 선정, 포트폴리오 구성, 세금 관리, 은퇴 계획 등에 있어 구체적으로 적용되는 기술들을 소개한다. 니나 오닐은 자녀 교육비를 대기 위해 자신이 구사하는 전략에 대해 차근차근 설명해 주었다. 크리스틴 벤츠는 일을 하며 추구해왔던 단순함에 대한 원칙을 적용하여 효율적인 포트폴리오를 구성했다. 많은 저자들이 은퇴 전략에 대해 자세하고 구체적으로 언급했다. 이야기는 영감을 줄 수 있지만 그 이야기를 구성하는 단어와 문장은 문법의 지배를 받는다. 마찬가지로 돈 또한 그 나름대로의 문법을 가지고 있으며 우리는 이 문법을 익힘으로서 돈을 제대로 이용할 수 있게 된다. 이 책을 편집하면서 느꼈던 기쁨 중 하나는 내가 존경하는 사람들이 누구나 마주하기 마련인 일상적인 문제를 어떻게 해결하는지에 대해 직접 이야기를 들을 수 있었다는 것이었다.

'투자란 숙련된 솜씨가 필요한 (그리고 개인적인) 예술이다.' 나는 자산관리자들을 평가하면서 이 업계에서 일을 해왔다. 주식과 채권을 고르고 포트폴리오를 구성하는 데 있어 하나의 올바른 방법은 존재하지 않는다. 우리는 각각 자신에게 올바른 나름대로의 방법을 개발할 수 있다. 제니 해링턴의 배당금과 마이클 언더힐의 실물자산은 그들이 성장 과정을 통해, 수십 년 동안 이 분야에 헌신하며 기술을 갈고 닦은 경험을 통해 도달한 고지에서 이 세상을 어떻게 보고 있는지를 표현하는 방식이다. 그들은 다른 사람들과 마찬가지로, 이 복잡한 세상에서 배를 조타하기 위해 그들 자신에게 효과가 있는 방식으로 자신만의 길을 찾아내고 있다.

'우리는 일반적인 문제를 대부분 혼자 힘으로 해결해야 한다. 하지만 꼭 그럴 필요는 없다.' 재무적 자유는 재무적 지식을 갖추지 않고는 성취하기 어렵다. 이 말에는 수많은 저자들이, 특히 타이론 로스가 강력하게 동의할 것이다. 부부와 부모, 자녀, 친구 사이에서 돈 문제에 대해 솔직히 터놓고 이야기하는 일이 불편할 수도 있다. 돈은 위험한 주제이다. 은행 계좌와 자존심 사이에 끊을 수 없는 연결 고리를 형성하기 때문이다. 하지만 우리 사회에서는 돈에 대한 문제를 이해하고 싶지만 어디에서부터 시작해야 할지 모르는 사람들이 많다. 사회가 돈에 대한 지식을 접할 수 있는 기회를 마련해 주지 못하고 있는 것이다.

나는 이 책을 위해 글을 써준 저자들에게 글을 쓰는 작업이 자신의 알몸을 드러내는 일이기도 했고, 스스로를 깨닫는 과정이기도 했으며, 일종의 치유 과정이기도 했다는 이야기를 들었다. 그들은 처음으로 그들의 고객이나 회사에 대해서가 아니라 그들 자신에 대한 이야기를 들려 달라는 요청을 받았던 것이다.

이들은 다른 이들의 자산을 수십억 달러씩 일괄적으로 관리하고 혹은 어떻게 관리해야 하는지 상담하는 일을 직업으로 삼고 있다. 그런 전문가들이 처음으로 자신의 개인적인 이야기를 기꺼이 나누어 준 것이다. 이전에는 보여줄 기회가 없었던 자신의 이야기를 꺼내는 데 있어 어떤 이들은 불안감을 표현했고 어떤 이들은 안도감을 느꼈다. 그리고 이제 당신 앞에 빈 종이 한 장이 놓여 있다. 이 책

의 글을 함께 나눔으로써 당신이 이 질문에 한층 수월하게 답하게
되었기를 바란다.

　'나는 어떻게 투자하는가?'

브라이언 포트노이

부를 부르는
투자의 지혜

초판 1쇄 발행 2023년 7월 6일

지 은 이 | 조슈아 브라운, 브라이언 포트노이
옮 긴 이 | 지여울

발 행 처 | 이너북
발 행 인 | 이선이

편   집 | 이양이
마 케 팅 | 김   집
디 자 인 | 이유진

등   록 | 제 2004-000100호
주   소 | 서울특별시 마포구 백범로 13 신촌르메이에르타운 II 305-2호(노고산동)
전   화 | 02-323-9477
팩   스 | 02-323-2074
E-mail | innerbook@naver.com
블 로 그 | http://blog.naver.com/innerbook
페이스북 | https://www.facebook.com/innerbook
포 스 트 | post.naver.com/innerbook
인스타그램 | @innerbook_

© 조슈아 브라운, 브라이언 포트노이, 2023

ISBN 979-11-88414-70-3 (03320)